Sala Negra y Sala del Torreón

PALACIO DEL ALMIRANTE
18 de Abril – 23 de Junio de 2023

Comisariado y Edición del catálogo

Mario de la Torre-Espinosa
Mercedes de la Moneda Corrochano
David Martín López
Pedro Ordóñez Eslava
Jésica Domínguez Muñoz
Carmen Sousa Pardo

Juan de Loxa
(1944-2017)
Jondo y Beat
Septiembre 2024

UNIVERSIDAD DE GRANADA
Rector de la Universidad de Granada
Pedro Mercado Pacheco

Vicerrectora de Extensión Universitaria,
Patrimonio y Relaciones Institucionales
Margarita Sánchez Romero

Director de Extensión Universitaria
La Madraza. Centro de Cultura Contemporánea
Antonio Collados Alcaide

Coordinadora del Área de
Artes Visuales y Diseño
Marisa Mancilla Abril

Coordinador del Área de Promoción
Cultural y Extensión Digital
Domingo Campillo García

Coordinadora del Área de Música
Marina Hervás Muñoz

Coordinadora del Área de Educación,
Mediación y Extensión en el Territorio
Almudena Ocaña Fernández

Coordinador del Área de Artes Escénicas
Mario de la Torre Espinosa

Coordinador del Área de Literatura
Miguel Carrera Garrido

EXPOSICIÓN
Organiza
Vicerrectorado de Extensión Universitaria
Patrimonio y Relaciones Institucionales

Comisariado
Mario de la Torre-Espinosa
Mercedes de la Moneda Corrochano
David Martín López
Pedro Ordóñez Eslava
Jésica Domínguez Muñoz
Carmen Sousa Pardo

Museografía y coordinación técnica
Manuel Rubio Hidalgo

Diseño y coordinación gráfica
Patricia Garzón Martínez

Montaje expositivo
Equipo de eventos de la Universidad de Granada

Producción gráfica
Reproducciones Ocaña, S.L.

Comunicación y redes
Oficina de Gestión de la Comunicación UGR
Isabel Rueda Castaño
Antonio Fernández Morillas

Comunicación Audiovisual
Raquel Botubol Rivera

PUBLICACIÓN
Edita
Editorial de la Universidad de Granada

Edición
Mario de la Torre-Espinosa
Mercedes de la Moneda Corrochano
David Martín López
Pedro Ordóñez Eslava
Jésica Domínguez Muñoz
Carmen Sousa Pardo

Coordinación técnica
Patricia Garzón Martínez

Diseño y maquetación
Patricia Garzón Martínez
Irene Verdejo Navarro
Carmen Parra Ruiz

Fotografías
José Antonio Albornoz

Impresión
Comercial Impresores, Motril.

Agradecimientos especiales a María Rosa García
Almirón, Francisco García Valverde y Emilio García
Valverde, por su colaboración y ayuda en este proyecto.

Comercial Impresores
Impreso en España
ISBN Universidad de Granada: 978-84-338-7236-4
DL: Gr. 1052-2024
© Universidad de Granada
© Los autores

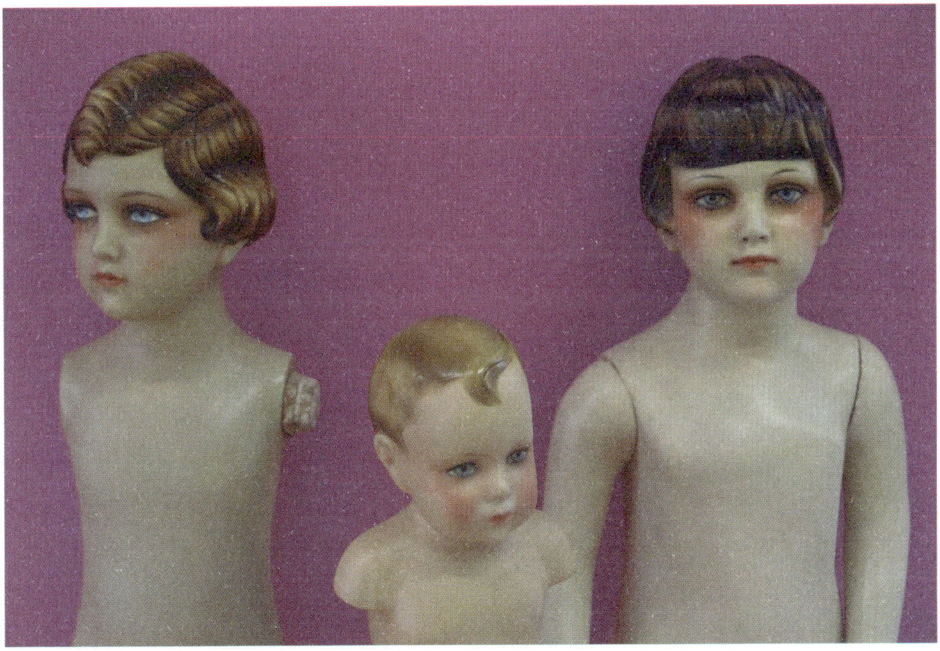

Fig. 1 / Recreación de la instalación *Comisión de herederos de Juan de Loxa.*

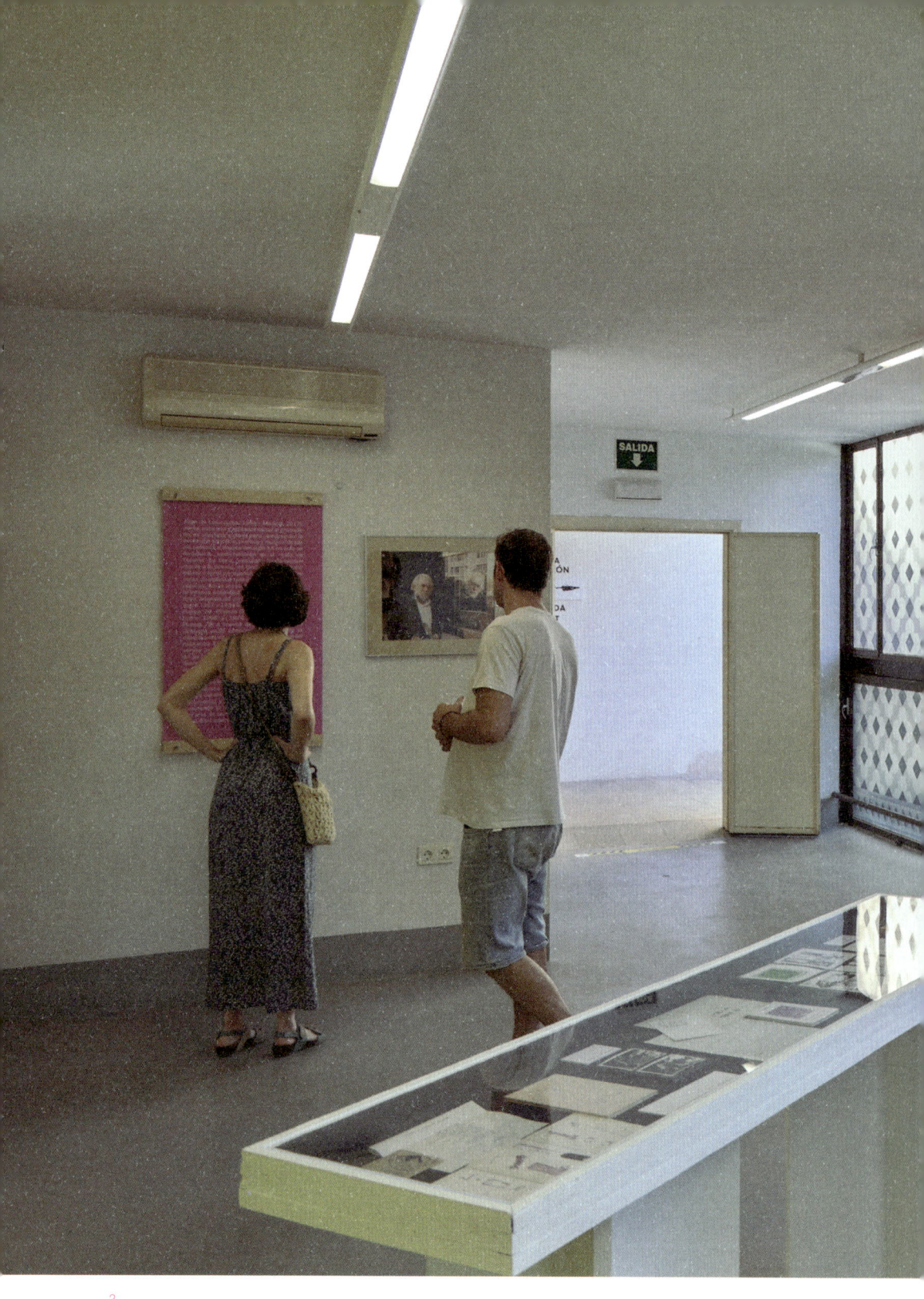

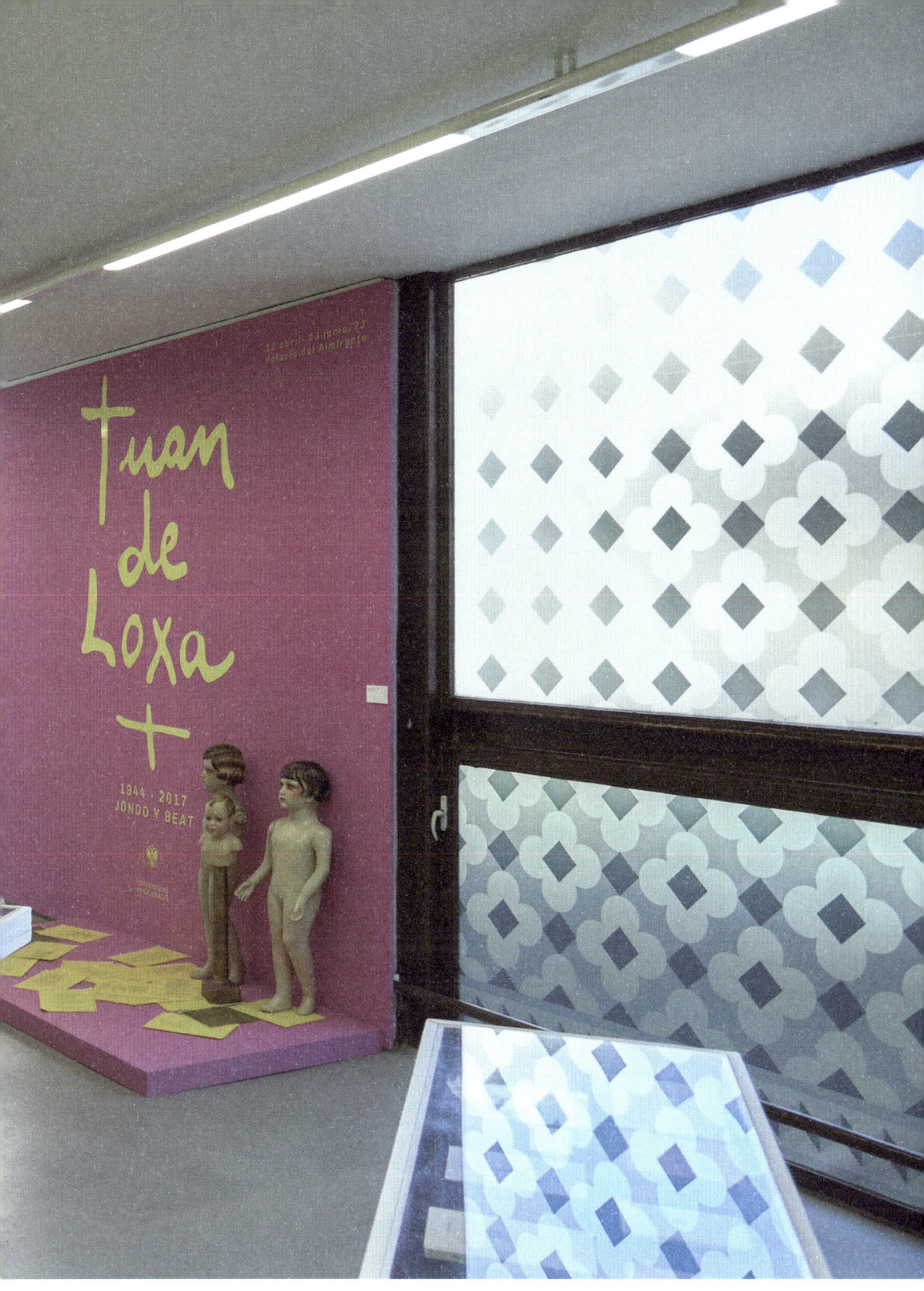

Fig. 2 / Sala introductoria de la exposición. Palacio del Almirante.

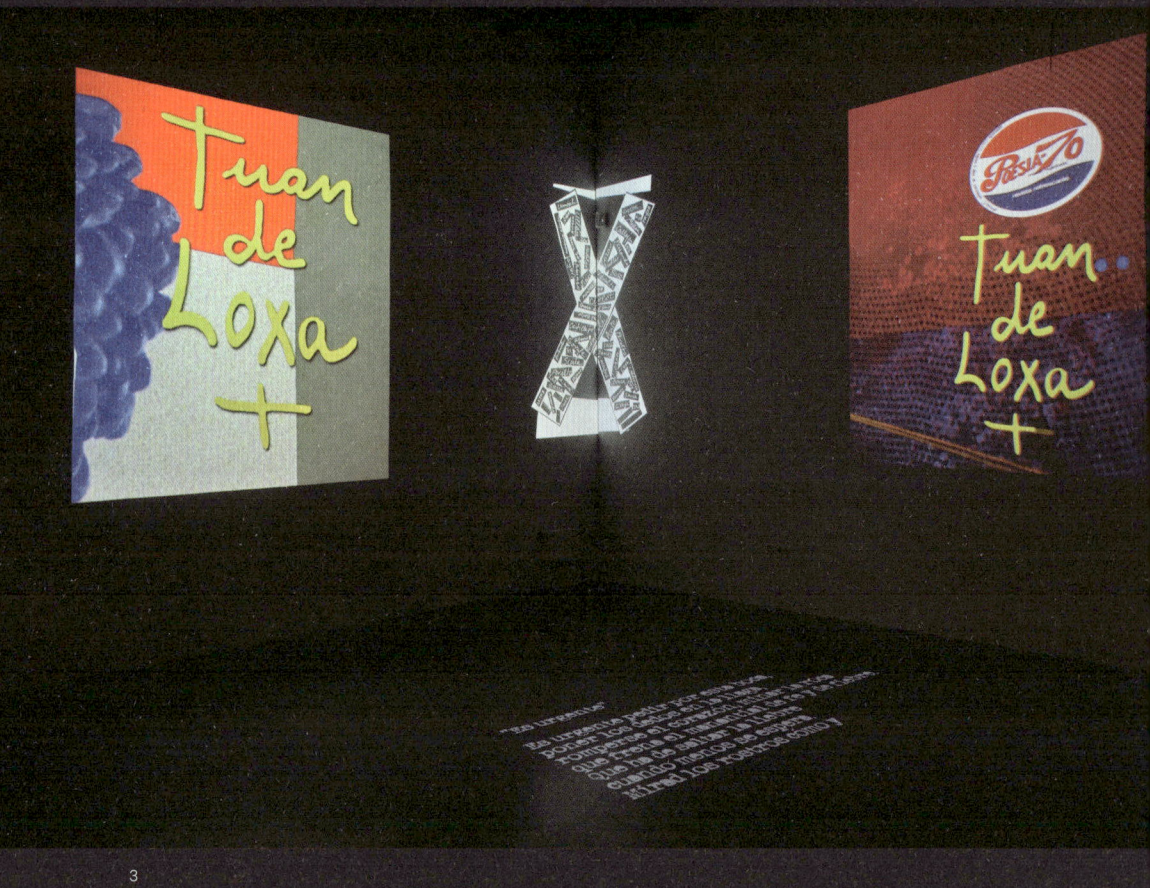

3

Fig. 3 / Videoinstalación de Prodisa Comunicación S.L.

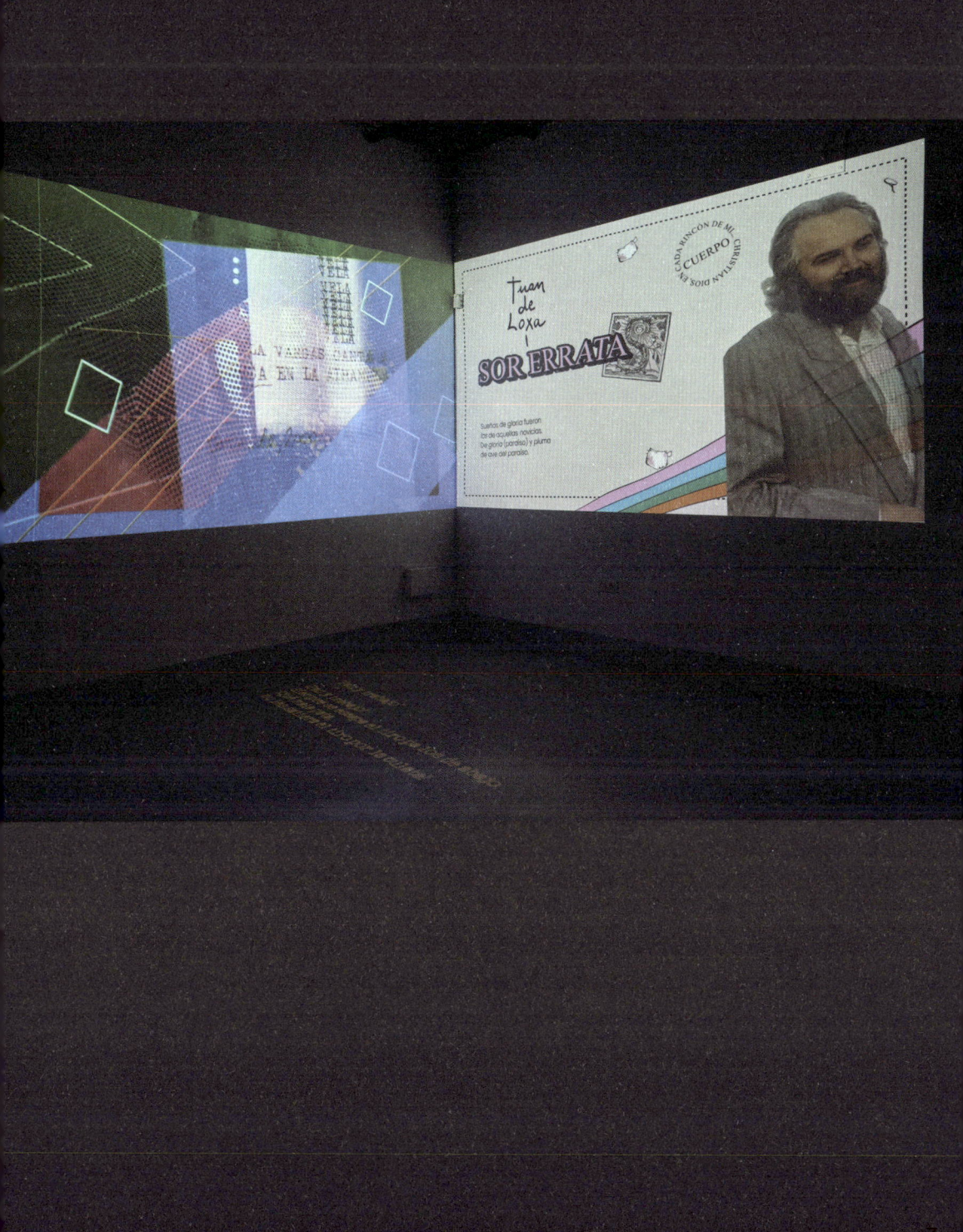

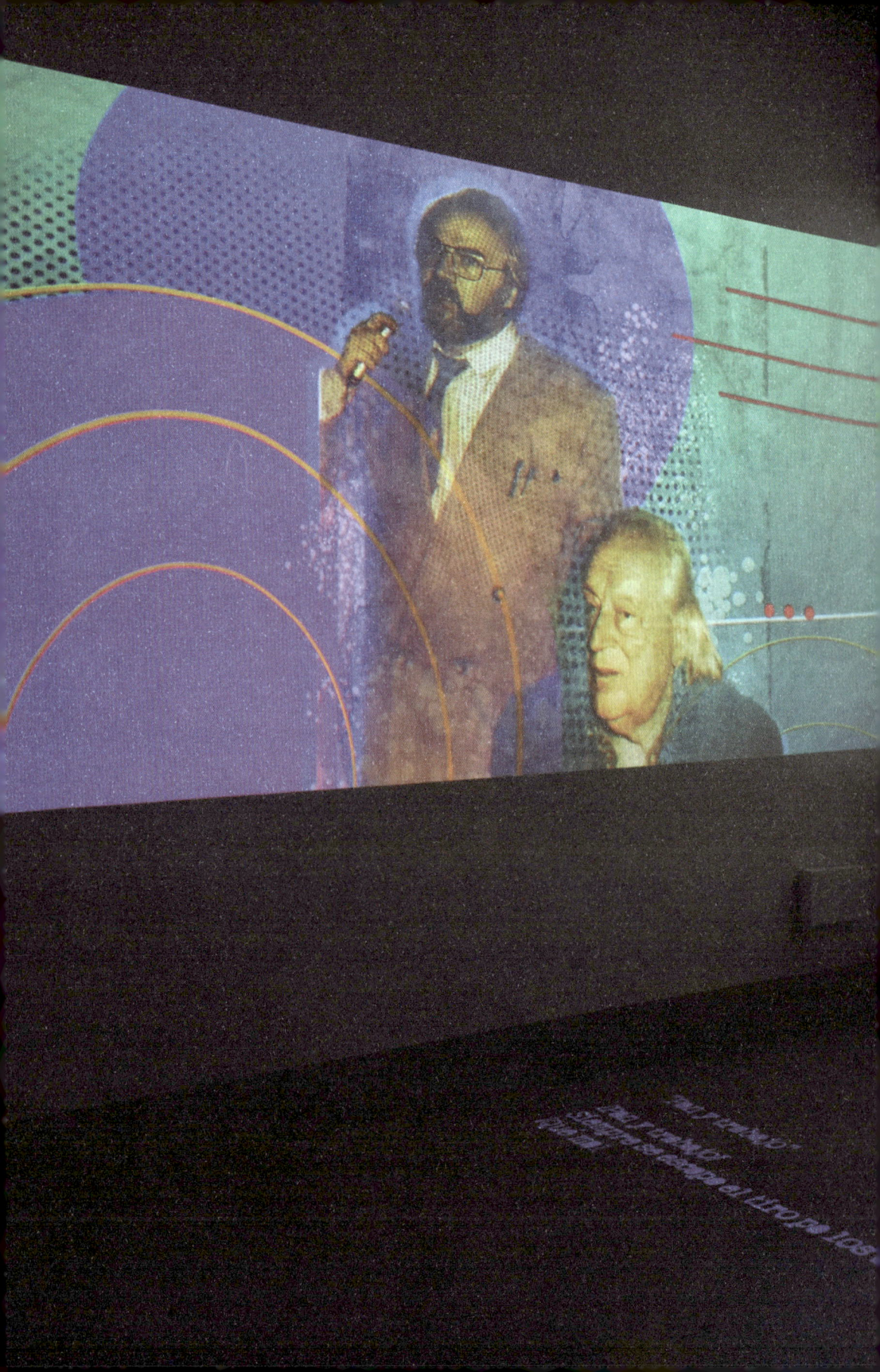

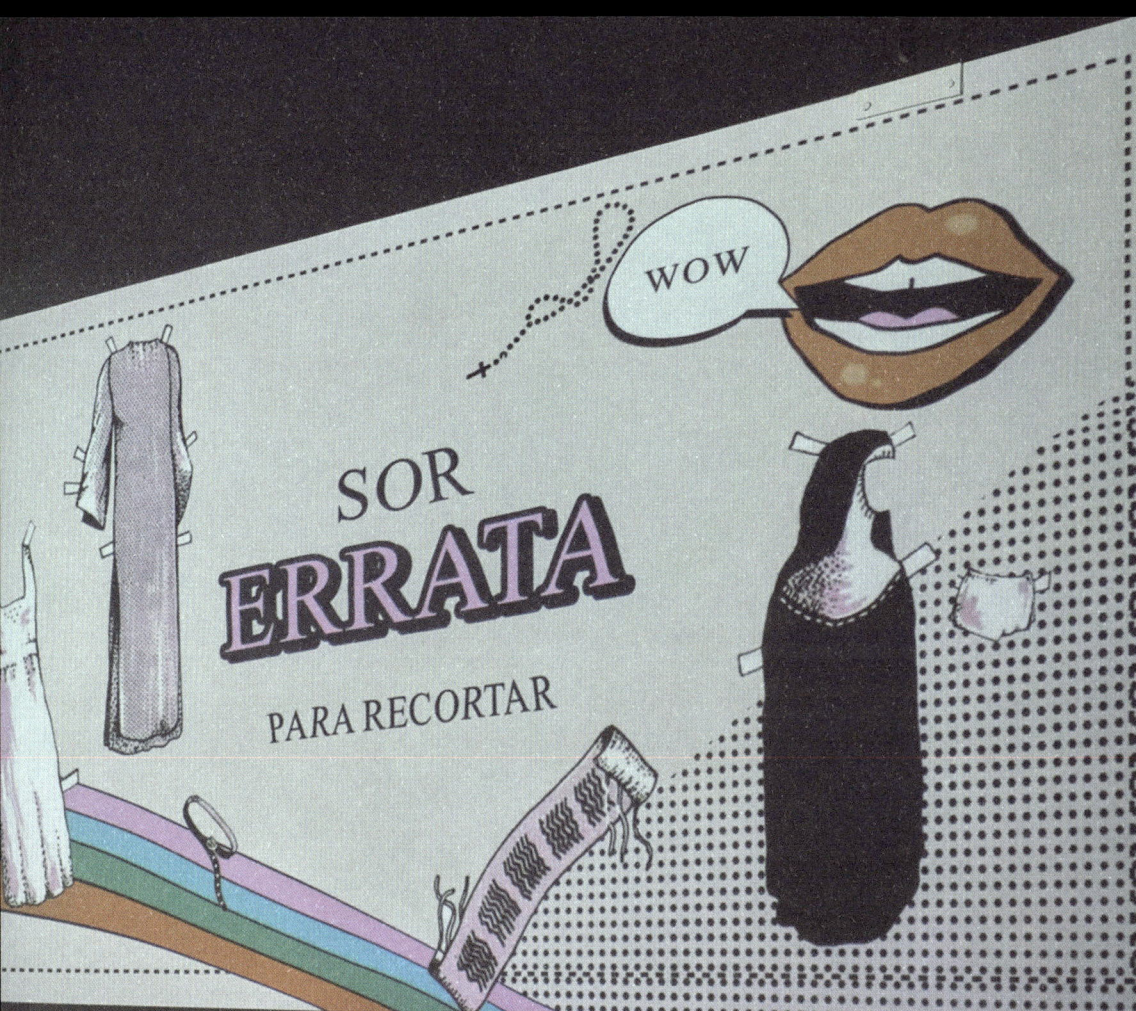

ÍNDICE

Es urgente ped
poner los dedo
Pan y trabajo,
siempre se esc
pa los de abajo
No le saliera el
por la culata. [.

JUAN DE LOXA

por esta boca,
en la llaga.

pa el tiro

ro

INTRODUCCIÓN

Juan de Loxa (Loja, 1944 – Madrid, 2017), poeta y agitador cultural granadino, es una figura clave para comprender la cultura artística, poética y musical desde los años sesenta a finales del siglo XX no solo en Andalucía, sino también en el resto de España. Su obra, vinculada fundamentalmente a la poesía, es también un territorio estético fértil. A través de ella se puede analizar la relación con otras disciplinas artísticas, tanto musicales como escénicas. Así lo atestiguan sus poemarios *Christian Dios en cada rincón de mi cuerpo* (Silene Menor, 1982), *Juegos reunidos (Memoria 1967-2007 y pico)* (Mirto Academia, 2009) o *Juego y pesadilla en Pinito del Oro* (Lápices de Luna, 2017). También es esencial su intensa actividad multidisciplinar en exitosas iniciativas, como la dirección, entre 1967 y 1994, del programa radiofónico *Poesía 70* –Premio Ondas y por el que pasaron voces imprescindibles de la poesía y la música contemporánea–, o la dirección, entre 1968 y 1970, de la revista literaria *Poesía 70*. A través de estas propuestas Granada pudo conocer gran parte de la escena poética española (y cubana) del momento.

Su intensa actividad también incluyó, entre otras muchas propuestas, su participación en *Ceremonial* (1977), coreografía flamenca de Mario Maya, y su liderazgo para crear *Manifiesto Canción del Sur* (1969), movimiento de canción de autor del que formaron parte nombres tan significativos como Carlos Cano, Enrique Moratalla, Miguel Á. González, Raúl Alcover, Esteban Valdivieso o Juan Titos. Por otra parte, Juan de Loxa mantuvo una intensa correspondencia con artistas de muy diversa adscripción estética, disciplinar e incluso geográfica: desde amigos personales de Federico García Lorca como Imperio Argentina, Rafael Alberti o Manuel Ángeles Ortiz, pasando por intelectuales de la talla de Vicente Aleixandre, Félix Grande o Pablo del Águila, además de poetas granadinos del momento como Elena Martín Vivaldi o Javier Egea.

La presente exposición pretende dar reflejo de la riqueza de su legado personal. Sus fondos constituyen un importante material documental y un patrimonio cultural, bibliográfico y artístico de gran relevancia que trasciende la investigación de su obra estrictamente literaria, por otra parte transgresora y de un amplísimo interés, para abarcar otros ámbitos y nombres artísticos. Se constituye así en fiel testimonio de una época, literaria, artística y musical, que ha quedado para la posteridad.

A lo largo de tres años se ha limpiado, organizado y catalogado gran parte de su patrimonio, conformado por materiales de gran heterogeneidad, tanto por su soporte y formato (documentos escritos, grabaciones audiovisuales, obras de arte, carteles o partituras), como por su tipología y función documental (correspondencia, documentación administrativa y contable, originales y manuscritos, recortes de prensa...).

Esta muestra nace como resultado de varias acciones desarrolladas en el seno de la Universidad de Granada tras el fallecimiento de Juan de Loxa en 2017 y el establecimiento de los primeros contactos con la familia del poeta granadino. Estas conversaciones fructificaron en el desarrollo de dos proyectos financiados por el Programa 18 de Acciones Especiales del Plan Propio de Investigación de la Universidad de Granada: "Juan de Loxa (Loja, 1944-Madrid, 2017): poesía, correspondencias artístico-musicales y activismo" (2020-2022, IPs Dr. Pedro Ordóñez Eslava, Dr. David Martín López); y "Juan de Loxa, memoria de la cultura andaluza: puesta en valor del legado personal" (2023, IP Dr. Mario de la Torre-Espinosa), y contó con el apoyo del Vicerrectorado de Extensión Universitaria y Patrimonio: Proyectos de documentación de fondos de interés cultural: "Juan de Loxa (Loja, 1944 - Madrid, 2017): digitalización y puesta en valor de un archivo personal" (2023, IP Dra. Mercedes de La Moneda Corrochano).

JUAN DE LOXA ENTRE LA GENERACIÓN DEL 27
David Martín López

Juan de Loxa (1944-2017) era una especie de espectro futurible de la Generación del 27 a la que nunca pudo pertenecer por no haber nacido entonces, pero a la cual se adscribió "metafóricamente" en pensamiento, palabra y coleccionismo, como su propio fondo demuestra, desde que la poesía y la literatura de esta Edad de Plata lo embaucaran en la adolescencia. Su vida giró en torno a la misma, en primera instancia por su profunda pasión, inquietud y ansia de conocimiento sobre Lorca (1898-1936) y de todo lo lorquiano. Loxa entra de lleno en una especie de plano distópico de espacio y tiempo por su amor por el poeta granadino que conoció a través de su poesía y escritos, pero también de forma "directa" a través de todos los amigos vivos que quedaban no solo en España, sino en varios exilios, ya fuesen estos políticos, culturales o estéticos: Manuel Ángeles Ortiz (1895-1984), Rafael Alberti (1902-1999) o Vicente Aleixandre (1898-1984), y tantos otros poetas del mundo latinoamericano que se acercaron por el Museo Casa Natal de Fuentevaqueros durante su etapa como director de este centro.

En el universo loxiano pululaban, además, satélites paralelos que orbitaban también dentro de este mundo lorquiano. Ana María Dalí (1908-1989), Imperio Argentina (1910-2003), así como otras mujeres importantes del círculo cultural e intelectual de la España del poeta, compartieron amistad con el autor lojeño y sentían devoción por Lorca, situación que se concretó en numerosos actos, ciclos y proyectos, en ocasiones no bien ponderados por la historiografía.

Esa admiración de Juan de Loxa por la Generación del 27 hizo que fuera entablando contacto con personas vinculadas a este grupo de artistas. Su legado es buena muestra de la amplia correspondencia que mantuvo con personalidades como Aleixandre, Alberti o Manuel Ángeles Ortiz, quienes, a su vez, colaborarían en sus proyectos literarios, donde lo lorquiano y un incipiente andalucismo se forjaban como modelo estético. Es interesante subrayar este apoyo de lo andaluz, de la identidad vernácula que preconiza en numerosos ensayos y de la que participará incluso el propio Vicente Aleixandre, Premio Nobel de Literatura en 1977, apoyando de manera preclara el referéndum de autonomía de Andalucía, como en el escrito que se conserva en sus fondos documentales. Su estrecha relación epistolar, en cartas, postales y telegramas, se deja entrever también en el simbolismo de las fotografías que el autor lojeño hace. En esa línea, delante de la residencia madrileña de Aleixandre, Juan de Loxa aparece con una rosa en la mano, como si quisiera evocar un pasado perdido que reprodujera la postal del escritor malagueño de mayo de 1972 en la que agradecía los pétalos de fragancia perenne, que espera "que siempre haya rosas para aquel vivir". Todo en Juan de Loxa está cargado de un simbolismo no arbitrario que denota el perfeccionismo de la palabra, de la evocación y la metáfora, tan cercana a la expresión plástica y poética vanguardista de esta generación que, en la Residencia de Estudiantes de Madrid, desbordaba los límites de la *belle époque* española.

Este compendio epistolar y documental de los actores vivos del periodo lorquiano se sumó a un coleccionismo intensivo, como si fuera casi una sinonimia de Juan García, en este contexto ya alexandrino Juan de Loxa. Coleccionador de todo lo interesante y lo nimio, de lo cotidiano y lo que derivaría en proyectos de arte objetual, de poesía y de diseños de una marcada estética vanguardista y *kitsch*, tuvo en la Generación del 27 también una de sus pasiones. Cartas de Lorca, fotografías de Imperio Argentina, álbumes gráficos de fotogramas fílmicos, carteles de cine, todo era fuente taumatúrgica y modelo de imbricación de lo lorquiano en una Granada que en los años 60 apenas conocía al poeta asesinado. Para entender mejor a Lorca y a su generación buscó en las *librerías de viejo* revistas originales de la Generación del 27. Así recopiló buena parte de los ejemplares de la revista *Héroe* y *Litoral* (1926-1929), que también marcarían su obra, su estética conectada de este modo tras los pasos de Lorca, Jorge Guillén (1893-1984) o José Bergamín (1895-1983), cuyo imaginario, literario y gráfico, conectaba con una nueva manera de repensar las identidades masculinas, las formas de expresión de deseo, pasión y amor.

Su afán coleccionador, junto a su amistad con los actores de la vida lorquiana, lo llevó a poseer numerosos diseños de Manuel Ángeles Ortiz, no solo sus Albayzines y cipreses, algunos de los cuales recortables y modificados a lápiz servirían de proyecto para el fallido monumento al poeta que se pensaba erigir en la Granada democrática. Todo ellos se juntan con carteles originales de La Barraca, ejemplares que escaseaban dadas las circunstancias políticas del franquismo, y el arte plástico del círculo lorquiano. Asimismo, aunque de una generación anterior, Loxa se interesa por buscar óleos de Juan Ramón Jiménez en su faceta artística menos conocida, obra gráfica de Alberti cercana a las estéticas de la revista *gallo* -*Gallo* (1947) y *Toro* (1947)- y otras obras de los años 50, pintadas ya en el exilio, al igual que buena parte de la obra plástica de Manuel Ángeles Ortiz, quienes se dedican mutuamente manifestaciones poéticas y pictóricas.

A esto habría de sumarse su fascinación por la figura de Lorca, que tendría un claro influjo en su poesía. Loxa se instituiría en uno de los grandes impulsores de la vida y obra de Federico al final la dictadura franquista y de la Transición, con iniciativas como los actos del evento cultural más emblemático lorquiano en la provincia de Granada, el tradicional *5 a las 5*, o la creación de la Museo Casa Natal de Federico García Lorca en Fuente Vaqueros, del cual sería director entre los años 1986 y 2006.

En la exposición, *Juan de Loxa, jondo y beat*, Palacio del Almirante (2023), se plantea esta idea generacional del 27 como un hilo conductor que preconiza quién es Loxa en origen y será Loxa en su devenir poético y cultural, incluso político. En este sentido, la vinculación estrecha con Alberti, con el que no solo le une su amistad lorquiana, su pasión por Andalucía sino incluso ideales marxistas. En este sentido, consigue junto con otros intelectuales del momento invitar al propio Alberti a la ciudad que vilmente había aniquilado a Federico, entrando en Granada en 1980 para apoyar el referéndum de autonomía con un discurso eminentemente político y lorquiano. En un momento de alienación cultural y democrática en plena transición de la dictadura franquista, el poeta lojeño impulsaría uno de los primeros homenajes públicos al poeta universal del 5 de junio de 1976, coincidiendo con el 40 aniversario de su asesinato. Se conserva en su fondo documental el diseño del cartel original de esta conmemoración, obra de Julio Espadafor (1945-1986).

BALADA PARA LOS POETAS
ANDALUCES DE AHORA
(1953)

¿Qué cantan los poetas andaluces de ahora?
¿Qué miran los poetas andaluces de ahora?
¿Qué sienten los poetas andaluces de ahora?

Cantan con voz de hombre, ¿pero dónde los hombres?
Con ojos de hombre miran, ¿pero dónde los hombres?
Con pecho de hombre sienten, ¿pero dónde los hombres?

Cantan y cuando cantan parece que están solo.
Miran y cuando miran parece que están solos.
Sienten y cuando sienten parece que están solo.

¿Es que ya Andalucía se ha quedado sin nadie?
¿Es que acaso en los montes andaluces no hay nadie?
¿Qué en los mares y campos andaluces no hay nadie?

Cantad alto. Oiréis que oyen otros oídos.
Mirad alto. Veréis que miran otros ojos.
Latid alto. Sabréis que palpita otra sangre.

No es más hondo el poeta en su oscuro subsuelo
encerrado. Su canto asciende a más profundo
cuando, abierto en el aire, ya es de todos los hombres.

Rafael Alberti

Para mis amigos de "Poesía 70"
Roma, abril 1971.

5

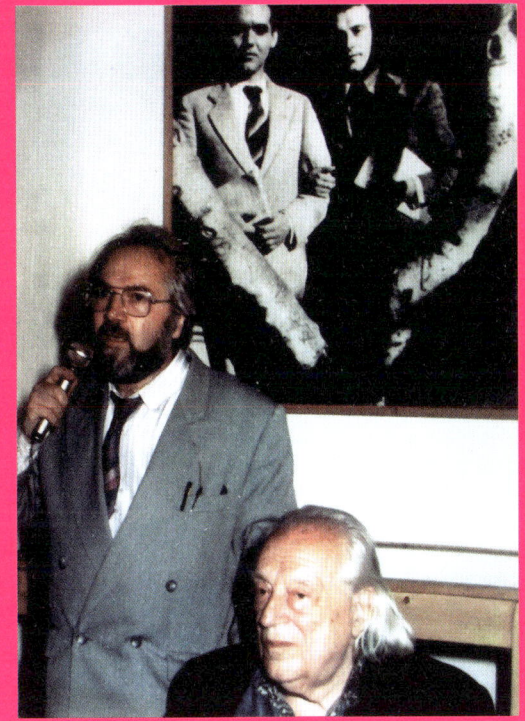

Fig. 4 / Rafael Alberti, *Balada para los poetas andaluces de ahora* (1953). Poema manuscrito y autógrafo. Dedicado a sus amigos de Poesía 70 (firmado en Roma, abril de 1971). Fondo Juan de Loxa.

Fig. 5 / Juan de Loxa y Rafael Alberti en el Museo Casa natal Federico García Lorca (1986). Fotografía. Fondo Juan de Loxa.

6

Gracias por tu carta
y la vibrante Hoja.
Lo que más me gusta
es el anuncio que me
haces de que saldrá
"Poesía 70", porque allí
estarán los poetas
andaluces y yo con
ellos. Que los jardines
en la primavera traigan para
ti, su vista. Un abrazo.
Vicente Aleixandre

LYONEL FEININGER 1871–1956
Die Barfüßerkirche in Erfurt 1927
Church of the Barefooted Friars at Erfurt
L'Église des Déchaux à Erfurt
Nach dem farbigen Hanfstaengl-Druck 79 x 63 cm

ESPAÑA 2

Sr. D.
Juan de Loxa
Pedro A. de Alarcón, 289.- 5º B

Granada

7

WIECHMANN-BILDKARTEN

Vivísimo, de nuevo,
el número Cero, aho-
ra con la emocio-
nante Partida de Fede-
rico. Gracias por
todo y por esos pétalos
de fragancia peren-
ne que me manda-
rais. Espero que siem-
pre haya rosas para
aquel vivir.
Y te cuento ahí con
todo. Un abrazo,
Vicente Aleixandre

ALBRECHT DÜRER (1471—1528)
Eichhörnchen - Squirrels - Écureuils
Wien, Albertini   Nr. 145

ESPAÑA 2 PTAS

Sr. D.
Juan de Loxa
Pedro A. de Alarcón 289.- 5º B

Granada

8

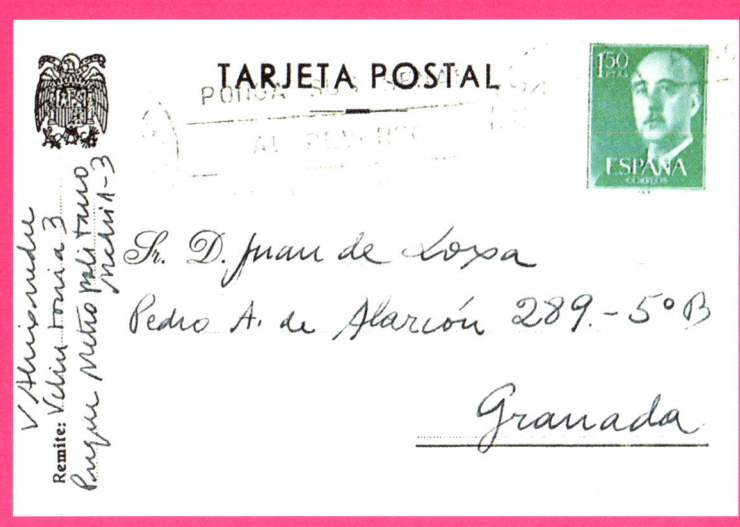

Fig. 6, 7, 8 / Vicente Aleixandre, correspondencia en tarjetas postales con Juan de Loxa, Madrid (1971-1975). Fondo Juan de Loxa.

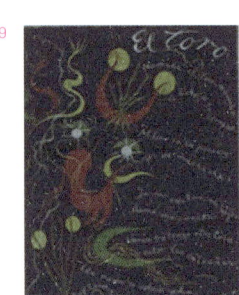

9

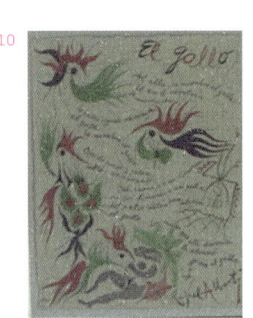

10

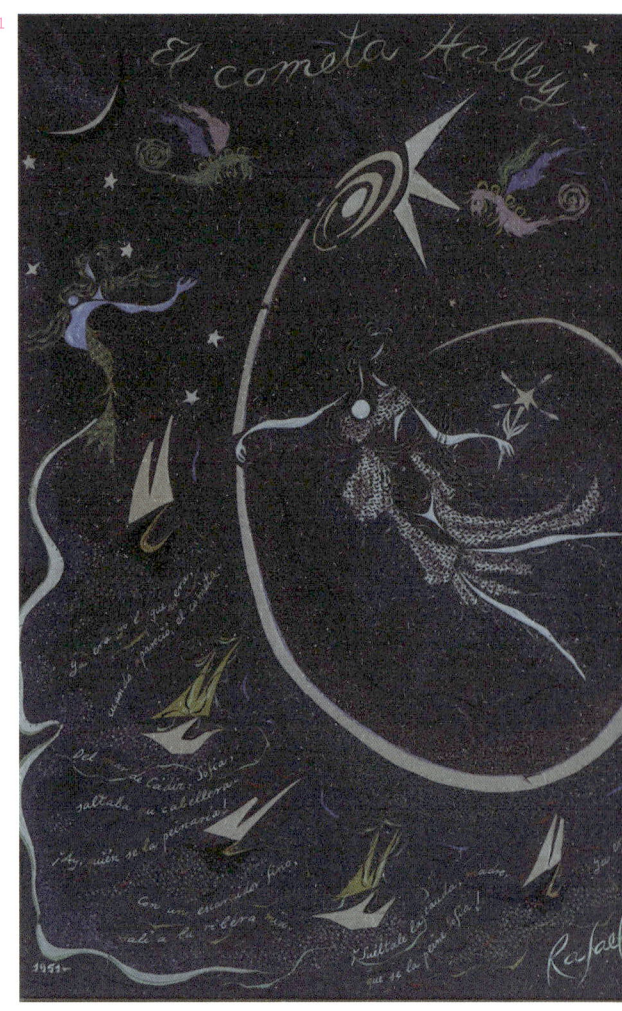

11

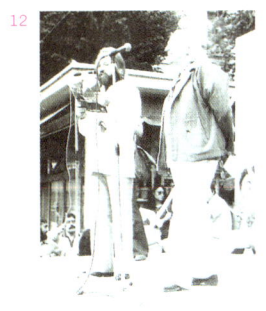

12

Fig. 9 / Rafael Alberti, *El Toro* (1947). Técnica mixta sobre papel. Fondo Juan de Loxa.
Fig. 10 / Rafael Alberti, *El Gallo* (1947). Técnica mixta sobre papel. Fondo Juan de Loxa.
Fig. 11 / Rafael Alberti, *El cometa Halley* (1951). Técnica mixta sobre papel.
Fondo Juan de Loxa.
Fig. 12 / Juan de Loxa presenta a Rafael Alberti en la plaza de Bib-Rambla (1980).
Fotografía. Fondo Juan de Loxa.

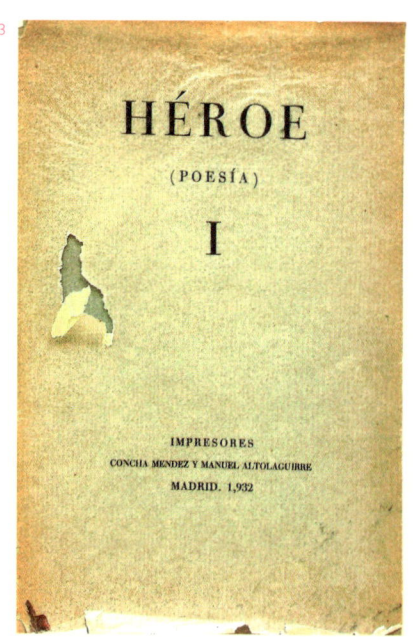

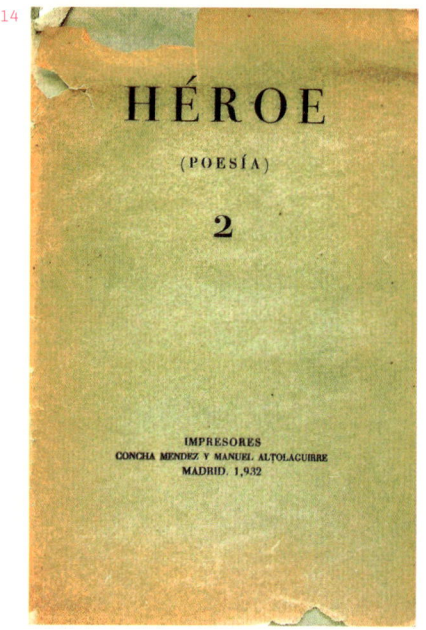

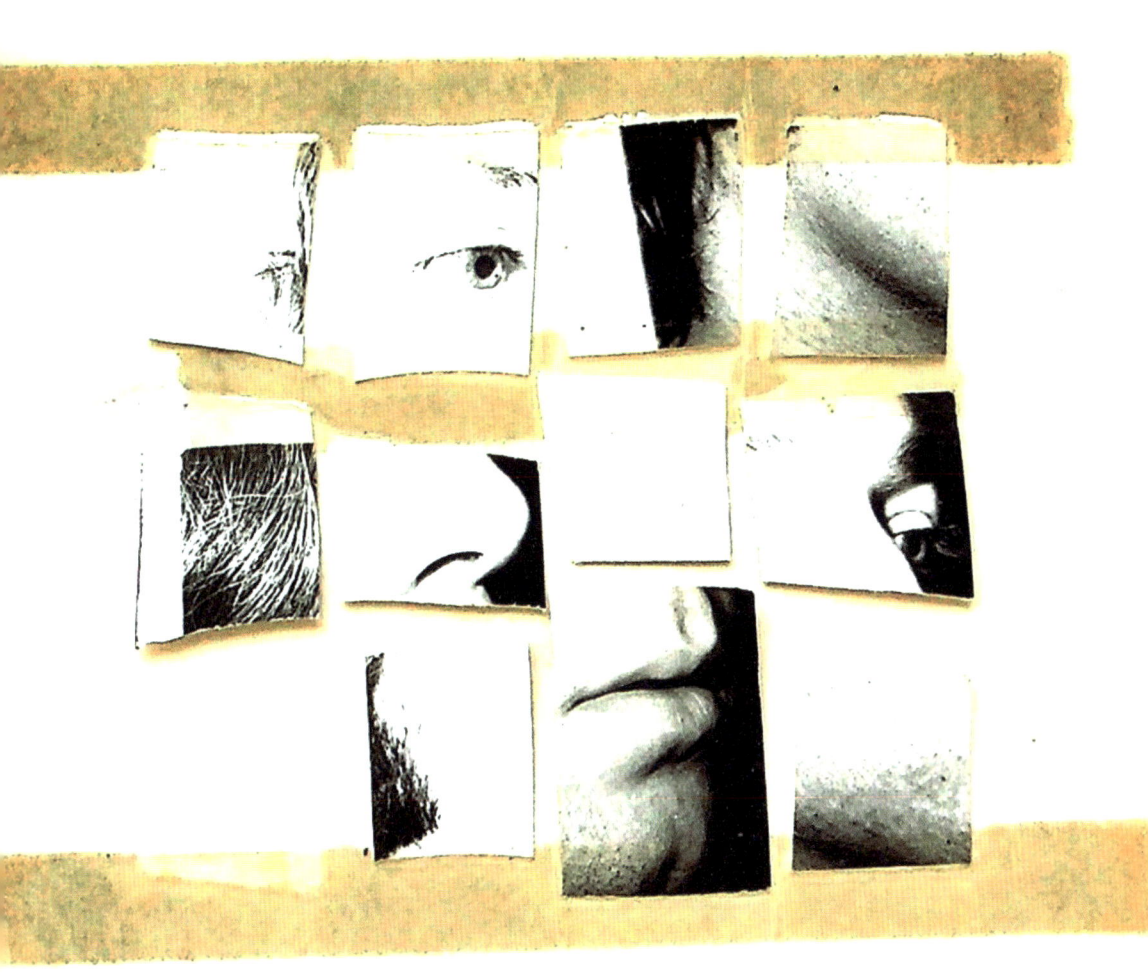

Fig. 13, 14 / Portadas de la revista *Héroe (poesía)*, números 1 y 2 (1932).
Fondo Juan de Loxa.
Fig. 15/ Fotomontaje, con fotografías de Juan de Loxa, sobre papel con letra
manuscrita: "Instrucciones. Juan de Loxa, original de Líbrese usted de mí" (s. f.).
Fondo Juan de Loxa.

RETORNO

No eres tú quien lo dice.
Vive el que muere y calla el que ha vivido.
Mucho saber no es conocer. Te brillan
los ojos, pues nada sabes.
La juventad luciendo entre las olas.

Sólo los cuerpos arrasados velan
o mueren en el mar. Sólo el amor los crea.

De nuevo entre las olas nace el mundo.

Vicente Aleixandre

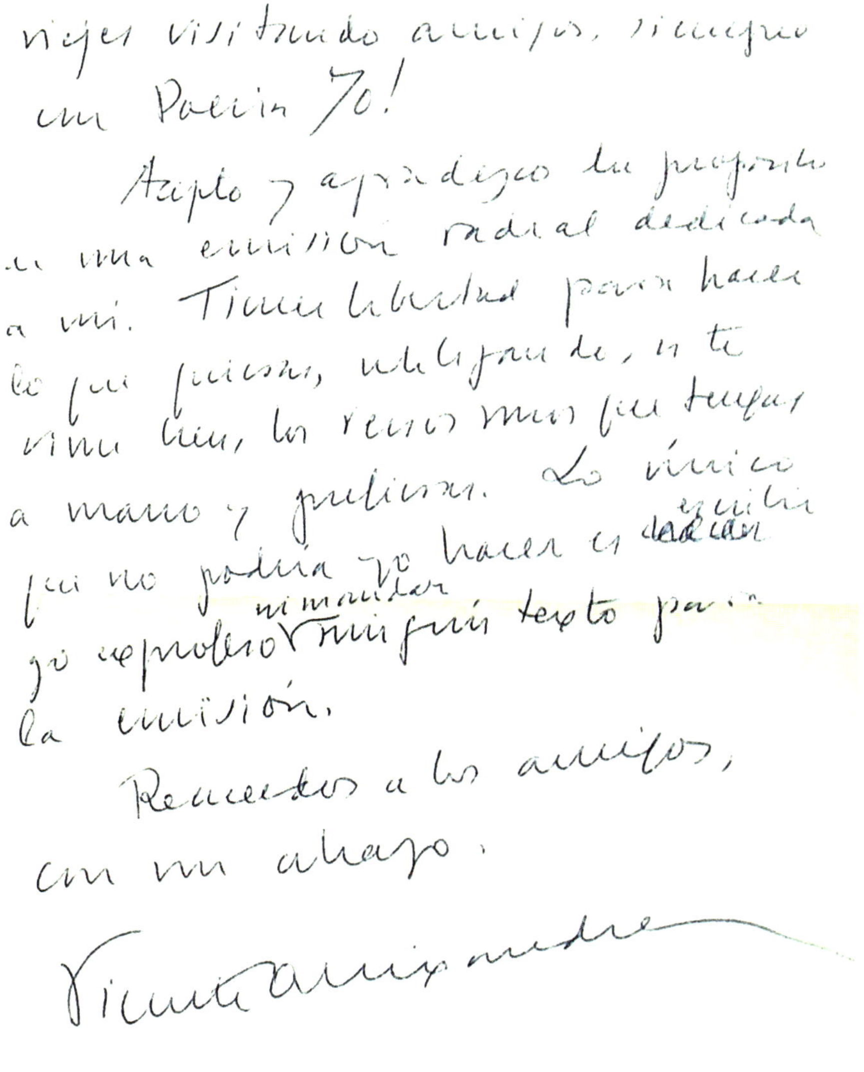

[Carta manuscrita de Vicente Aleixandre]

viejes visitando amigos, siempre
en Poesía 70!

Acepto y agradezco la propuesta
de una emisión radial dedicada
a mí. Tiene libertad para hacer
lo que quieras, utilizando, si te
viene bien, los versos míos que tengas
a mano y prefieras. Lo único
que no podría yo hacer es escribir
yo expreso ni mandar ningún texto para
la emisión.

Recuerdos a los amigos,
con un abrazo.

Vicente Aleixandre

Fig. 16 / Vicente Aleixandre, *Retorno*. Copia del manuscrito original (s. f.).
Fondo Juan de Loxa.
Fig. 17 / Vicente Aleixandre, carta sobre *Poesía 70* (11 de abril de 1971).
Fondo Juan de Loxa.

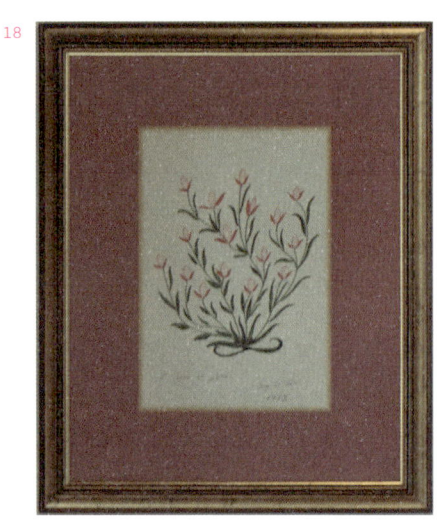

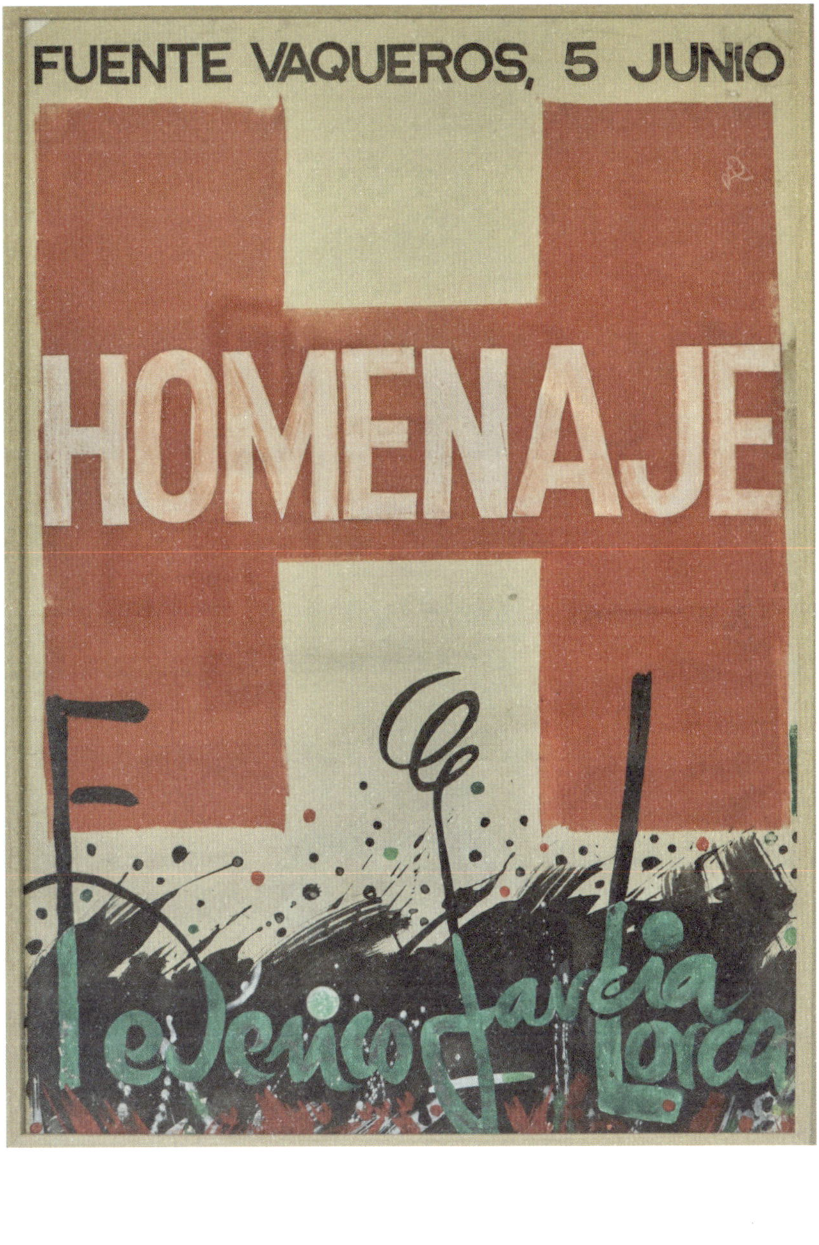

Fig. 18 / Ana María Dalí, *Flores* (1987). Técnica mixta sobre papel, dedicado a Juan de Loxa. Fondo Juan de Loxa.

Fig. 19 / Cartel Homenaje a Federico García Lorca. Fuente Vaqueros, 5 de junio (s. f.). Técnica mixta sobre papel (Diseño original de cartel). Fondo Juan de Loxa.

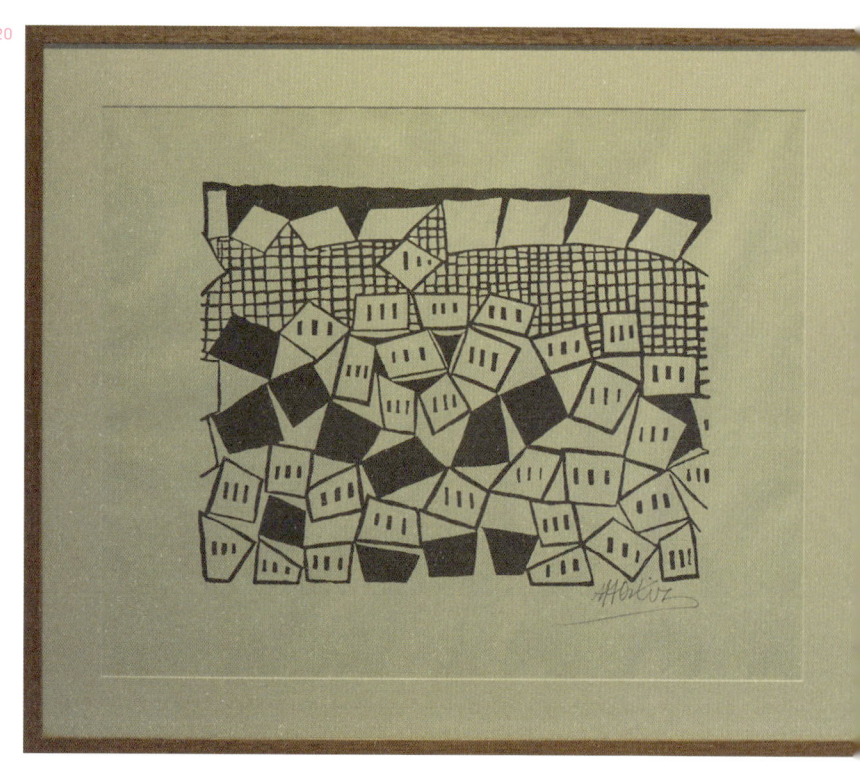

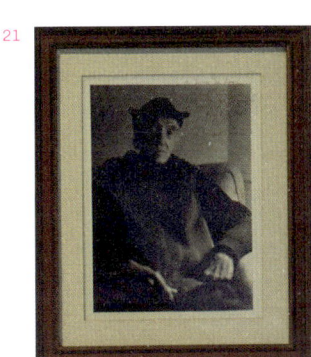

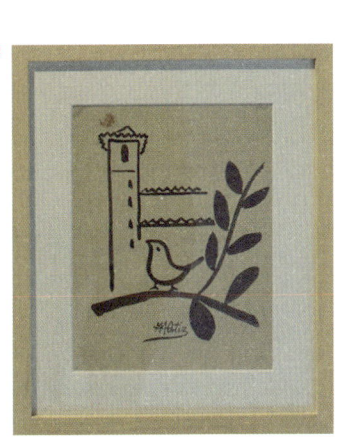

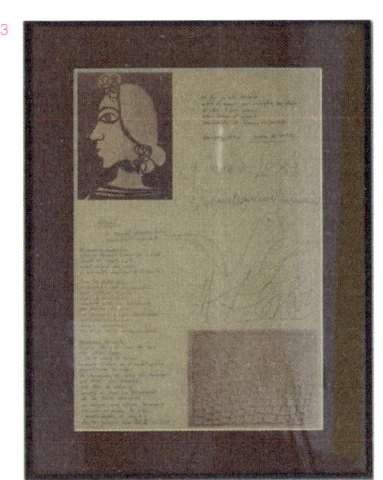

Fig. 20 / Manuel Ángeles Ortiz, *Albaycín* (1962 ?). Linografía con tinta negra sobre papel. Fondo Juan de Loxa.

Fig. 21 / Fotografía de Manuel Ángeles Ortiz, firmada y dedicada en París (1983). Fondo Juan de Loxa.

Fig. 22 / Manuel Ángeles Ortiz, *Iglesia de San Nicolás en el Albayzín* (s. f.). Dibujo sobre papel. Fondo Juan de Loxa.

Fig. 23 / Manuel Ángeles Ortiz, *Collage*, dedicado a Juan de Loxa (1974). Fondo Juan de Loxa.

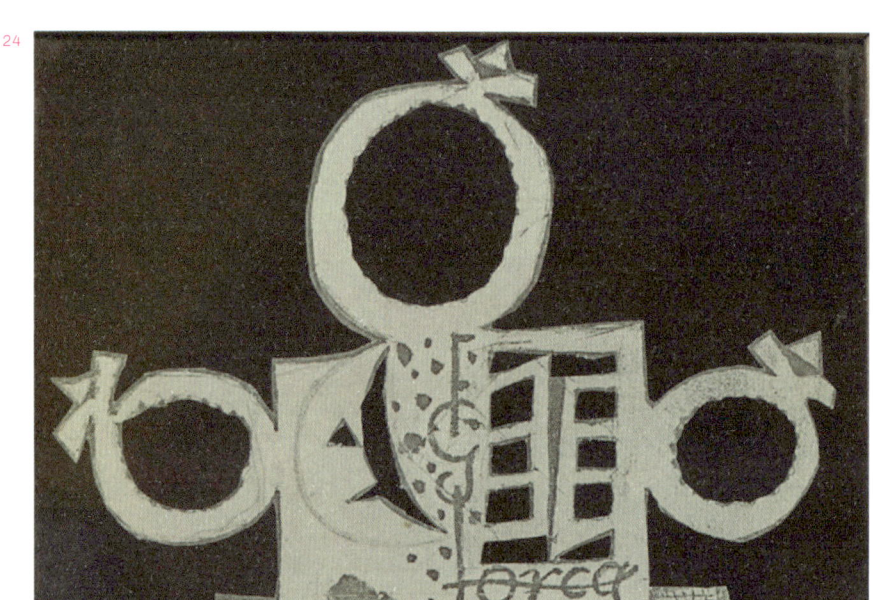

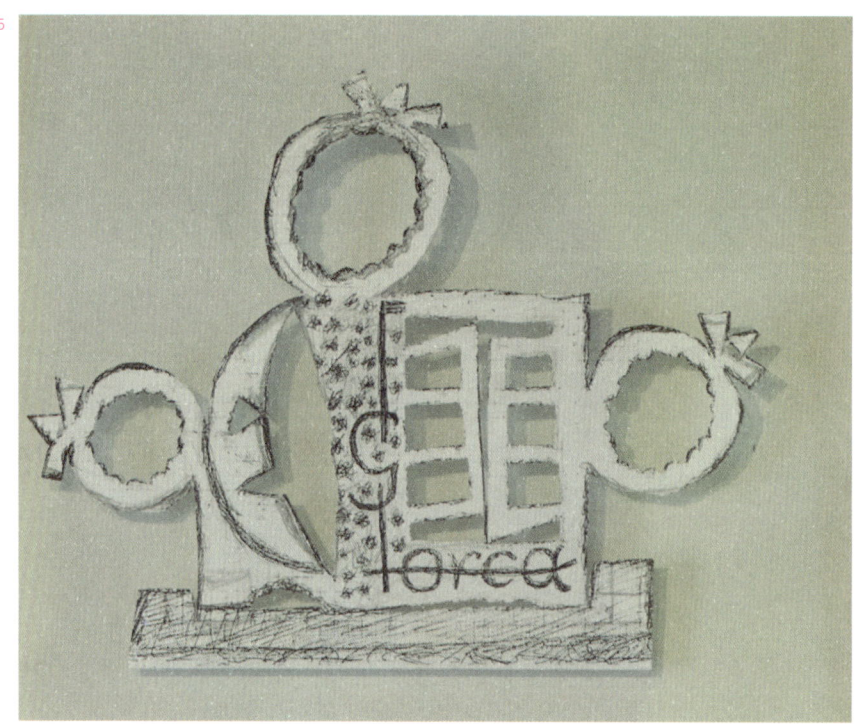

Fig. 24, 25 /Manuel Ángeles Ortiz, *Homenaje monumento público a Federico García Lorca en Granada* (s. f.). Recortes de copia de dibujo, intervenidos a lápiz. Fondo Juan de Loxa.

POESÍA 70 (RADIO, 1967-1994)
Jésica Domínguez Muñoz
Carmen Sousa Pardo

> La radio fue y sigue siendo mi amante. Soñé con esas voces que emergían de un edificio de lámparas y ojos mágicos. La radio de mi infancia era algo más que compañera o ángel de la guardia.
>
> Juan de Loxa (en Corcoba, 2002)

Si la poesía nace como expresión oral, nada mejor para exprimir todo su potencial que la radio como medio. Es así como surge uno de los programas poéticos más importantes del panorama radiofónico español: *Poesía 70*. Fundado en 1967, un año después de la recién inaugurada Ley Fraga, que supuso un cierto aperturismo, y durante los veintisiete años que se mantuvo en antena, en la inmaterialidad de las ondas, Juan de Loxa encontró la fórmula para esquivar la censura que imperaba en la letra impresa. Cita imprescindible de los domingos por la noche, *Poesía 70* se convirtió en el espacio ideal para experimentar con la musicalidad de la lírica, dedicar programas a los temas más variopintos, y dentro de ellos a sus propios intereses, tratando desde la poesía *beat* a la cultura popular o la Generación del 27.

La intención con la que el padre Martín Linares, jesuita fundador de la emisora, acogió el programa era clara. Veía en él todas las posibilidades para un acercamiento de los jóvenes a la poesía a través de la música; hacer de ella un elemento accesible a todas las clases sociales (Mejías, 2015). Para Martín Linares, al igual que para Loxa, poesía y música eran dos medios para una misma expresión, y la radio era la mejor manera de llegar a la población, siendo como era, aún a finales de los sesenta, mucho más democrática que la recién instaurada televisión.

Emitido desde Radio Popular Granada para COPE a toda España, en él Loxa recibió a numerosas personalidades del mundo de la cultura, entre ellos, Justo Navarro, Fanny Rubio, Joaquín Sabina, Pablo del Águila, José Heredia Maya, José Carlos Rosales, Enrique Moratalla... Asimismo recibió otros centenares de misivas de autores de todo el mundo que solicitaban un hueco en su programación para ser leídos. *Poesía 70* se convirtió de este modo en altavoz y referente para escritores y músicos del momento, germen de cuantos otros programas de radio y revistas alumbró el polifacético Juan de Loxa y válvula de escape para toda una generación ávida de modernidad. En él se dio cobertura a importantes eventos como el *Cincuentenario del concurso del Cante Jondo*, e incluso se atendió a la actualidad política, dedicando un especial a la guerra de Vietnam. No obstante, sus innovaciones no se centraron solo en el ámbito de los contenidos, como apuntaba Juan Píñar Díaz, responsable de Medios Audiovisuales del Centro de Documentación Musical de Andalucía y encargado de digitalizar el legado de *Poesía 70*, sino que también lo supuso en cuanto a los medios empleados, constituyéndose como avanzadilla de fórmulas radiofónicas que perduran en la actualidad y sobreviven en el contenido de ciertas parrillas —quizás sea en nuestros días un formato más usual en la diversa producción de *podcast*—. Su dedicación a la radio y su afán comunicador le impulsó a adentrarse paralelamente en otros proyectos de contenido innovador y diverso; nos referimos a *Cómic-7* —quizás uno de los primeros programas referidos a este género—, *Jazz sin fronteras*, *Radio Amor y Fantasía*, *El micrófono transparente*, *La calle de la hermana radio* o *Museo Flamenco,* entre otros.

Su presencia en el panorama nacional fue tal que pronto excedió el ámbito radiofónico para convertirse en marca registrada. De lo que se deriva la creación de aquel famoso logo *kitsch* que aunaba el diseño de Pepsi con el nombre del programa, en alusión al carácter refrescante que ambos poseían. La novedad que este programa había aportado a una España sumida aún en el contexto del tardofranquismo le fue reconocida ya en 1982 con la concesión del Premio Ondas en honor a su gran labor.

Su archivo, donado en gran parte por el propio autor al Centro de Documentación Musical de Andalucía y presente también en algunos de los legajos del Fondo Juan de Loxa, se compone de guiones de radio, cartas de oyentes, colaboradores, certificados de orden de grabación, turnos de emisión, escaletas…, un *collage* de documentos en los que se visibiliza su manera de trabajar, aquella nueva forma de hacer radio, en la que se mezclaban las entrevistas, con lecturas de poemas y músicas de un amplio espectro de estilos (jazz, pop, cante jondo, canción española, rock…). Estos documentos, cuya supervivencia se debe también al cuidado prestado por el autor, muestran de igual manera la gran acogida que tuvo entre el público, como prueba la extensa y afectiva correspondencia recibida por su fundador.

Representante de la ola contracultural impulsada por los movimientos estudiantiles del mayo del 68, el espíritu de Juan de Loxa dejó su impronta radiofónica. Su trabajo supuso un impulso para aquella transición cultural tan necesaria para aquellos que vendrían después. El alcance de la misma, pensada para un público no especializado y nacional, sitúan a *Poesía 70* y a Juan de Loxa como referentes más allá de los límites geográficos de su Granada natal. Fue la voz de aquellos años, testigo directo del paso a la libertad; sus locuciones con cierto carácter performativo, teatral, imbuyeron al público de lleno. En su voz se concentra la memoria de nuestro pasado más reciente, de aquella generación nueva, más aperturista, más politizada y más comprometida.

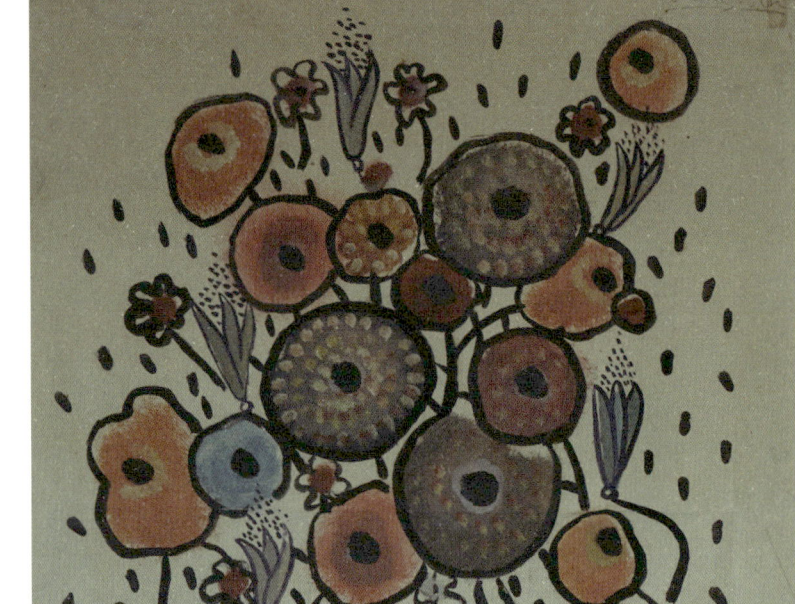

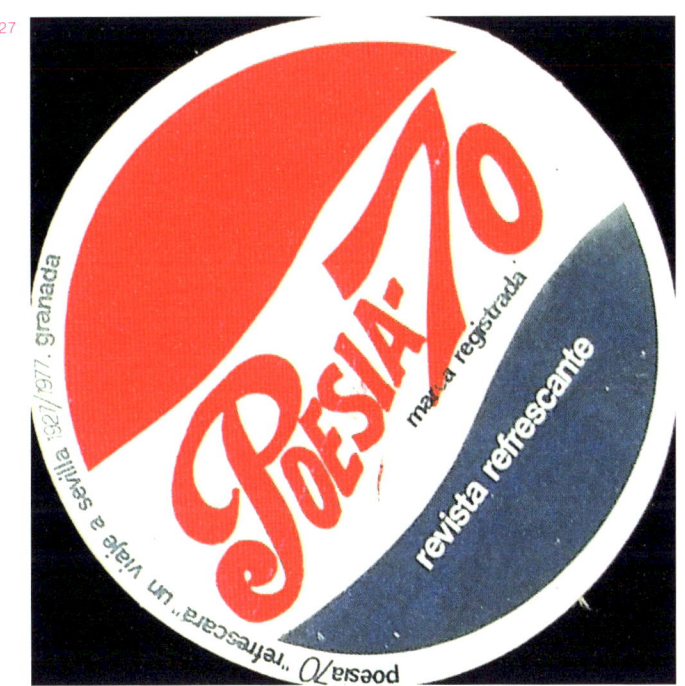

Fig. 26 / José Aguilera, *Poesía 70. Radio Popular. Día 22-11. Noche. Programa* Juan de Loxa (1968). Técnica mixta (Diseño de cartel original). Fondo Juan de Loxa.

Fig. 27 / Juan Vida, Poesía 70. *Marca registrada. Revista refrescante*, (1977). Pegatina diseñada para el viaje conmemorativo Granada-Sevilla 1927-1977. Fondo Juan de Loxa.

POESÍA 70 (*REVISTA*, 1968-1970)
Mario de la Torre-Espinosa

La poesía tuvo en las revistas literarias una vía de divulgación de una importancia capital en la era pre-internet. Por un lado, para los autores se constituía en la vía más fácil para dar a conocer sus textos, logrando, además, un gran alcance en su difusión. Y, por otra parte, para los lectores y otros escritores suponía una forma de entrar en contacto con las nuevas tendencias que se estaban desarrollando en cada momento. Esto es lo que sucedería, precisamente, con la revista *Poesía 70*, nacida en 1968 y que, tras solo tres números, dejó de publicarse en 1970 dejando tras de sí un legado de un valor inestimable como muestra de la poesía, andaluza especialmente, que se estaba escribiendo a finales de la década de los sesenta.

Estamos en el incipiente tardofranquismo, esa época de la dictadura donde el régimen entra en decadencia para acabar desembocando en una ansiada transición política que comenzaría a tomar forma con la muerte de Franco en 1975. Y *Poesía 70* nace como signo de estos tiempos, los del inminente cambio de década y una ansiada transformación política, para publicar los trabajos tanto de una nueva generación de poetas como de otros ya ampliamente consagrados. Es así como la figura de Juan de Loxa se engrandece, no solo por su valiosa labor como escritor, sino también por haber impulsado y dirigido proyectos tan relevantes como este, donde se muestra cómo "siempre trabajó desde lo colectivo, a contracorriente de la ideología burguesa del yo y de la lógica capitalista de la rivalidad, la competencia, la ley del libre mercado. Él nunca creyó en la poesía como una empresa solitaria, sino como un impulso común y cooperativo" (Castro, 2018: 14).

La revista se constituyó así en una puerta de entrada para dar a conocer nuevas formas poéticas. Al mismo tiempo, suponía una puerta clara para los jóvenes vates que necesitaban encontrar espacios para diseminar sus textos, que ansiaban publicar en *Poesía 70*, lo zque suponía un avance con respecto al programa de radio homónimo del que nace este proyecto editorial. En el archivo del poeta granadino se conservan cientos de cartas y textos originales de escritores noveles, otros consagrados o a punto de hacerlo, que ponían sus esperanzas en que sus textos no solo se leyesen en el programa de radio que dirigía el autor lojeño, sino también en esta revista que había de nacer para configurarse en uno de los hitos de las revistas literarias de la época. Suponía otro éxito en la carrera de Juan de Loxa.

El aire fresco que supone y la libertad que rezuma, a pesar del decadentismo que algunos ven en sus temas (las flores en el segundo número, por ejemplo), es combinado con un cuidado exquisito en la edición, convirtiéndola en toda una referencia a pesar de su efímera vida. Su labor sería reconocida por algunos nombres importantes, como sería el caso del futuro Premio Nobel de Literatura Vicente Aleixandre: "Recortada como otro bulto sobre el cielo granadino, ahora aquí se yergue 'Poesía 70'. Por ella y en ella se mueve y transcurre la nueva poesía andaluza" (cit. en Neuman y Cerrillo, 1998: 33). Y es que aquí se podía encontrar nombres claves de la lírica de estas tierras, con Granada como epicentro y alternativa a las grandes ciudades que habían copado este tipo de publicaciones. Pero "además" aparecerían autores provenientes de otros territorios, e incluso de países como Cuba o Argentina. En el número 1, publicado en 1969, participan Emma de Cartosio, Florentino Huerga, Luis Hernández Aquino, Manuel Ríos Ruiz, Kumiko Mataki, José Antonio Lacárcel, Joaquín Sabina, Vicente Aleixandre, Carmelo Sánchez Muros, Juan de Loxa, Elena Martín Vivaldi, Antonio Carvajal, Luis Eduardo Aute, José Luis Parra, Carlos Cano y Juan José Plans. En números sucesivos, a estos nombres se sumarían otros como los de José G. Ladrón de Guevara, José Heredia Maya, Félix Grande, Fanny Rubio, Justo Navarro, José Lezama Lima, Roberto Fernández Retamar o Nicolás Guillén.

La vida de la revista fue ciertamente breve y no exenta de controversias. Se publicarían solo tres números entre 1968 y 1970 (0, 1 y 2-3), siendo el nº 1 sumamente polémico: el poema *El cementerio*, de Luis Eduardo Aute, sería denunciado por la censura debido al dibujo que le acompañaba. Sería solo un ejemplo del implacable peso del control sobre el arte del momento, que hasta multaría a la Heladería Los Italianos por publicitar dicha revista sin haber pasado previamente por el organismo censor.

Uno de los aspectos más destacables de *Poesía 70* es su sobria, pero muy cuidada, presentación. Sus páginas, con diseños de Claudio Sánchez Muros, constituyen no solo una valiosa instantánea de los movimientos poéticos del inmediato tardofranquismo, sino también un excelente ejemplo de conjunción de una apreciable selección de textos y una maquetación cuidada. Sería el caso del nº 0, que incluye en la contraportada el poema "No me culpéis, hermanos, si conmigo ha venido la guerra", de Fanny Rubio, ocupando toda la página con una llamativa tipografía. Así hablaría más tarde Álvaro Salvador del diseño: "No se había publicado hasta el momento en España una revista tan moderna, atrevida y bien hecha como aquella" (2020). Con sus 31 por 22 centímetros de tamaño, sin paginación y al precio de 100 pesetas por cuatro números al año, se lanzarían un total de tres números, en tres años consecutivos, lo que indica la precariedad de la publicación. "Nos encontramos ante un proyecto poético netamente granadino que apuesta por una revista de gran belleza visual en su diseño, que dice tanto en sus versos como en la organización de los contenidos y las ilustraciones" (Guzmán, 2010: 62).

Entre las muestras de valentía que Juan de Loxa afronta con la revista se encuentra el motivo del propio título. En el número 0, dedicado a la revista *gallo*, se incluía una edición facsímil de la partida bautismal de Lorca, con la mención "Poesía setenta número cero setenta aniversario nacimiento Federico García Lorca". Recordemos que una de las constantes de la vida pública de Juan de Loxa fue recuperar al autor granadino, proscrito durante la dictadura y al que esta publicación rendía homenaje.

Este carácter irreverente, y el carácter político de la publicación, se acentuaría con el número doble 2-3 dedicado a la poesía cubana, en su mayor parte inédita y que generaría un gran impacto en el ambiente poético nacional, con el que se clausura este proyecto. Como hermoso cierre, la publicación concluye con unos versos de Lorca: "Siempre he dicho que yo iré a Santiago en un coche de agua negra". El número 4, que iba a incluir un texto de Aleixandre y otro de Alberti, y donde se incluía una antología de jóvenes poetas andaluces, no llegaría a salir a la luz, finalizando así un proyecto que alcanzaría eco no solo en España, sino también en el extranjero.

70

ITA - NUMERO CERO - GRANADA - AÑO SESENTA... OCH... ...OESIA SET... - NUMERC

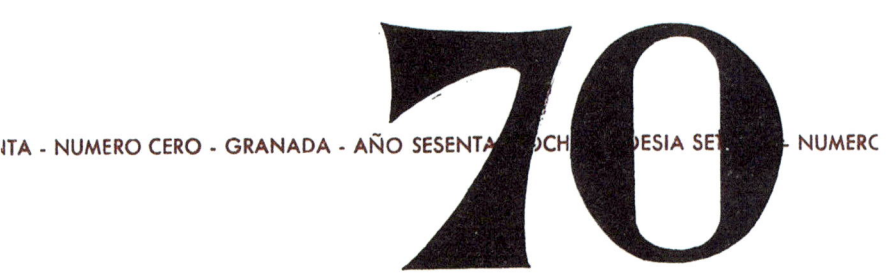

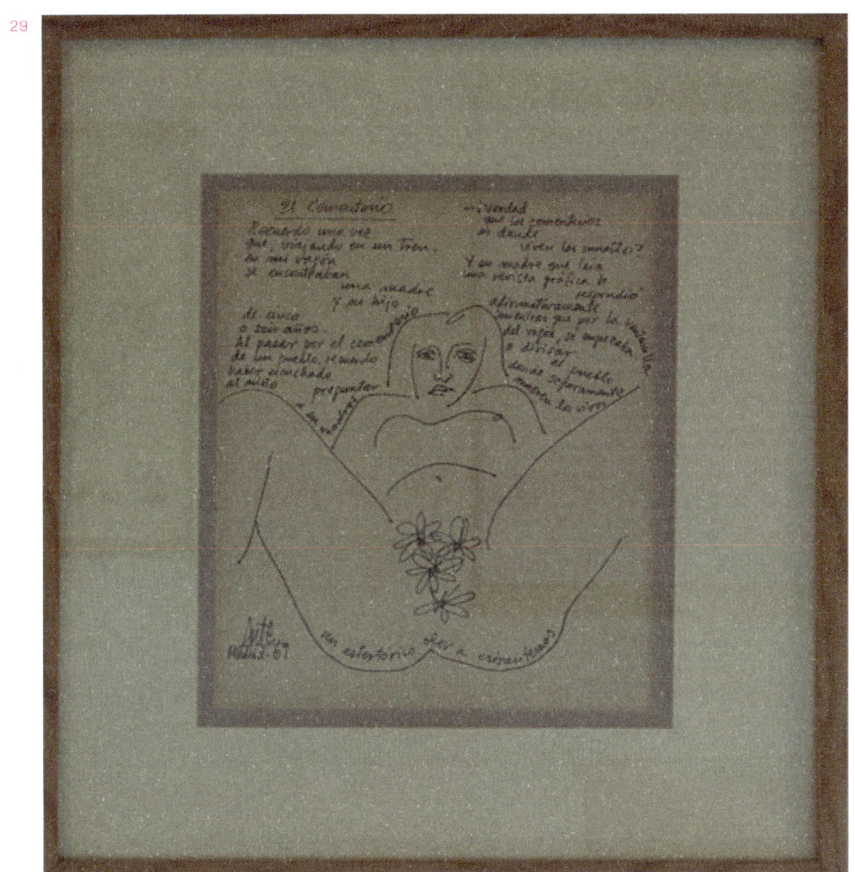

Fig. 28 / Claudio Sánchez Muros, Portada del número cero de Poesía 70 (1968). Fondo Juan de Loxa.
Fig. 29 / Luis Eduardo Aute, *El cementerio* (1967). Poema manuscrito con dibujo, tinta sobre papel. Fondo Juan de Loxa.

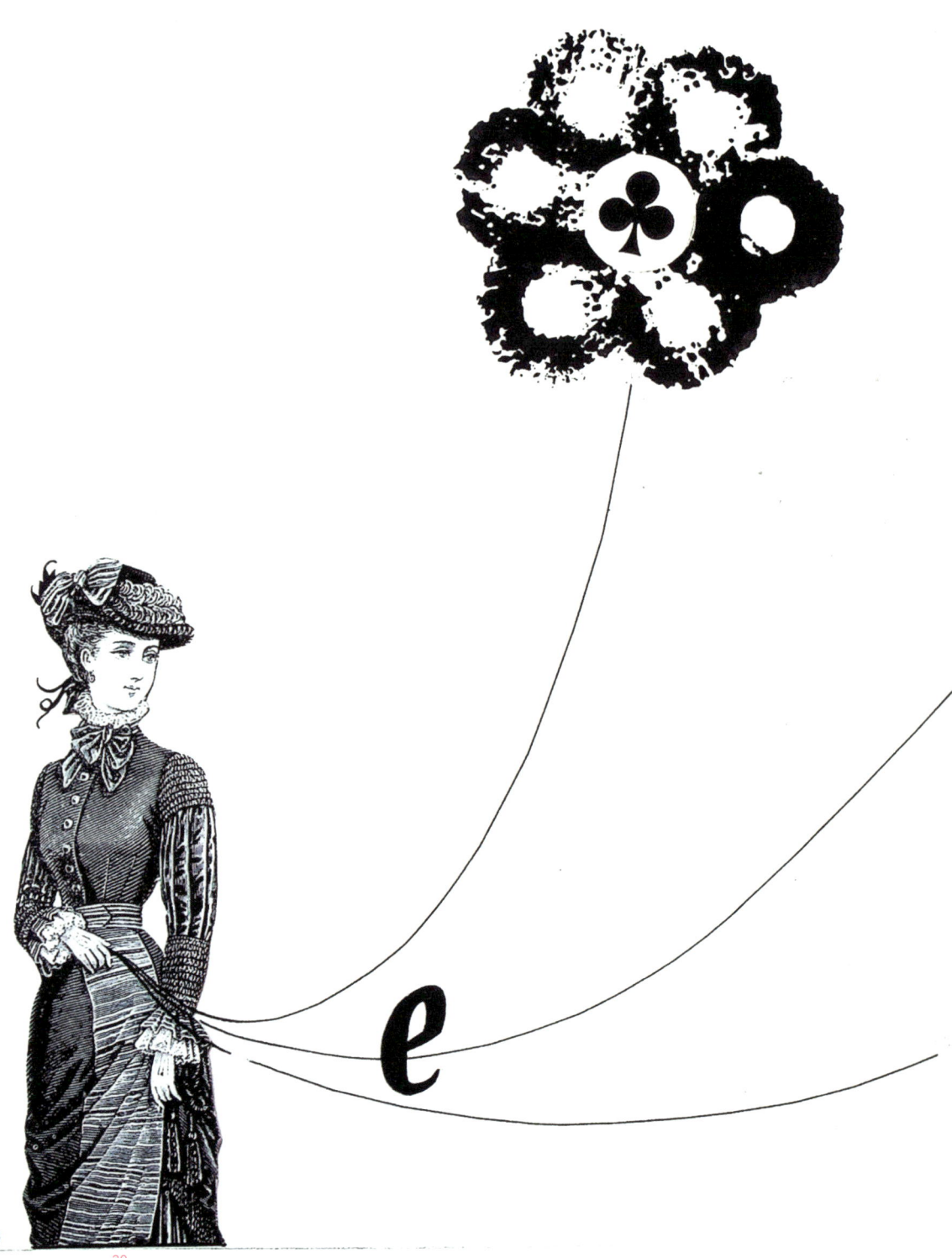

Fig. 30 / Claudio Sánchez Muros, *Diseños para* Poesía 70 (1968). *Collage*.
Fondo Juan de Loxa.

colaboran:

emma de cartosio · florentino huelga ·
luis hernández aquino · josé antonio lacárcel ·
kumiko mataki · vicente aleixandre ·
joaquín sabina · vicente aleixandre ·
carmelo sánchez muros · juan de loxa ·
elena martín vivaldi · antonio carvajal · carlos cano ·
luis eduardo aute · josé luis parra ·
juan josé plans · director: juan de loxa ·
portada, ilustraciones y confección: claudio sánchez muros.

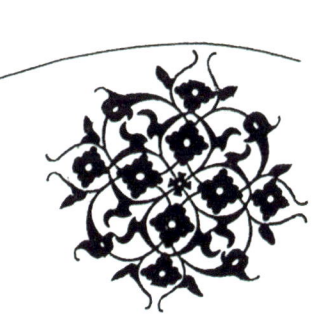

igual tamaño

MARIO LOXA Y JUAN DE MAYA: COLLAGE TEXTUAL Y SONORO PARA VOCES ENCENDIDAS
Pedro Ordóñez Eslava

Utensilios de batalla:
los pies de Mario Maya [interversión]

> "todo su busto ardía"
> (Aleixandre)

Llegó dicen del **Sur** [1]
para aguardar la **muerte** o para
que un pájaro
        (oh amor qué vuelo en revolera
remóntalo

cuando **gime** el talón y sube
su alada sombra por la pared **blanqueada**
que un espejo **súbito** interrumpe
quebrando el r i t m o o dando
t e m b l o r de corazón son
de **petenera**
hierática rama que ni un ~~chasquido~~
de sus dedos mueve ¿extermina
rá
algún hacha de paz
ese perfil? ¿Cómo clavar
el **tronco en llamas** de su cuerpo
a la débil techumbre de esta tierra?
¿**Envejecen** las sombras?
¿Arderá un día el **Sur** estando lejos
el que llegó aguardante?)
            o para
que un pájaro -o para
aguardar la **muerte**-
plantara
le
una **pluma** voladora y
y revolara oh amor el pie plantado.
Y un puñado de uñas del otro pie
inflamando la **lumbre**
        (1973)

Mario Maya, granadino, nace circunstancialmente, en Córdoba. En Granada hasta los trece años (Sacromonte-zambras). Gira por España con la compañía de Manolo Caracol. Después Zambra (único tablao flamenco que existía en Madrid por entonces). (...) Finales de 1965: marcha a los Estados Unidos y entra en contacto con la Play House en Off Broadway. Vuelta a España: Granada (dormida) no lo acoge. Madrid: Febrero de 1970, con Carmen Mora y Güito, funda "Madrid trío flamenco". (...) Principios de 1973: vuelta (otra vez) a Granada (que sigue dormida). (...) Otoño de 1974: (...) monta Ceremonial [1977] de cante, baile y guitarra (a partir de una idea de Juan de Loxa, poeta)[2].

Desde la irrupción en el mundo contemporáneo de los medios de comunicación audiovisuales, la forma de ver y oír del hombre contemporáneo está en continua metamorfosis. Desde el comienzo, el arte de vanguardia ha respondido el desafío que este y otros cambios radicales lanzaban al artista contemporáneo. Porque es evidente que a una nueva situación, a un nuevo mundo y a una nueva forma de vivir y ver ese mundo corresponde **una nueva forma de arte** (Millán, 1978).

Mario Maya es un gran bailaor en el sentido íntegro de la palabra. *Ceremonial* es poesía fonética de Juan de Loxa. Juan de Loxa es un poeta de la vanguardia andaluza [...] y sus colores son el verdiblanco: siempre ha sido del Betis.
Sin embargo, la crítica no ha calado hasta el fondo de lo que es *Ceremonial*. Quizá se necesite un nuevo tipo de crítico flamenco, una conjunción del crítico flamenco y del crítico teatral. [...] La crítica no ha llegado a lo jondo de *Ceremonial*. [...] Es posible que la pureza no esté encasillada en el estatismo. O sea, que lo

nuevo sea puro y viceversa. La palabra la tienen Mario Maya y muchos más. Lo que sí es cierto es que el jondismo puede abrir una brecha nueva en las vanguardias. Es el penúltimo de los "ismos".

Es posible que de aquí a poco, al hablarse de la "España de tablao" no se haga de forma despectiva (Rioja, 1975).

---

[1] Intentamos subrayar la universalidad del problema, por ejemplo se aplaude cuando se canta:

> Pañuelo de rosas
> me vino a cubrir,
> que otra sangre hermana
> guerrillera del monte,
> me ha servío a mí

Se puede decir, emocionalmente, lo cercano que está este cuadro de plástica y palabras en el ¡Ay! de lo que se ha vivido en la guerrilla Americana, en la lucha de cualquier pueblo que sacuda y elimine el brazo opresor, sin olvidar incluso la vieja lucha del maquis en nuestro país (de Loxa y Mario Maya, 1974: 27).

[2] Es presumible que el responsable de esta biografía particular, extraída del programa de mano de *Camelamos Naquerar* editado por el Secretariado de Extensión de la Universidad de Granada en 1976, fuera José Heredia Maya, autor de esta pieza teatral flamenca. Sin embargo, no podemos asegurarlo de manera tajante.

31

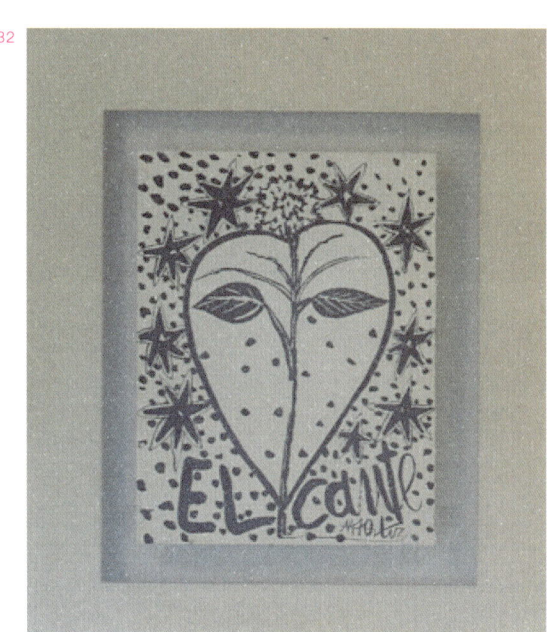

32

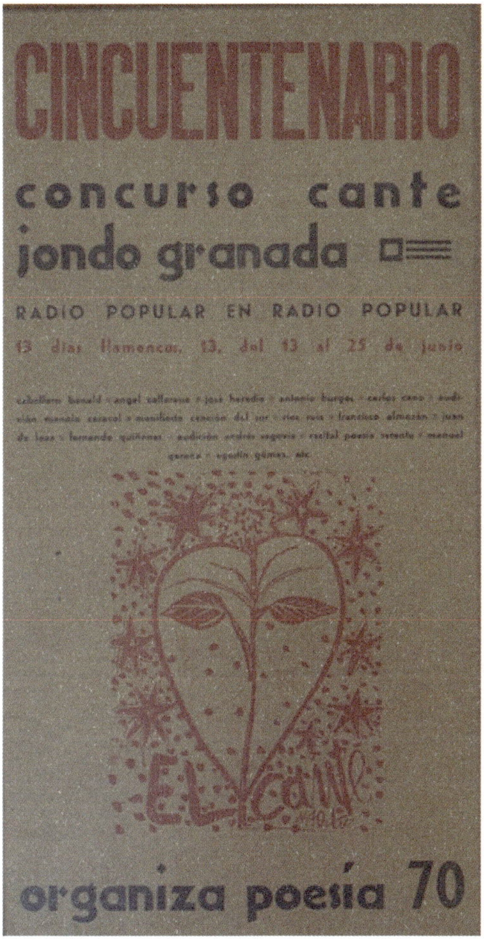

Fig. 31 / Manuel Ángeles Ortiz, *Viva el cante* (s.f.). Grabado con tinta negra sobre papel. Fondo Juan de Loxa.

Fig. 32 / Manuel Ángeles Ortiz, *El cante* (s. f.). Grabado con tinta negra sobre papel. Fondo Juan de Loxa.

Fig. 33 / Cartel, con censura, *Cincuentenario del Concurso de Cante Jondo de Granada* (1972). Fondo Juan de Loxa.

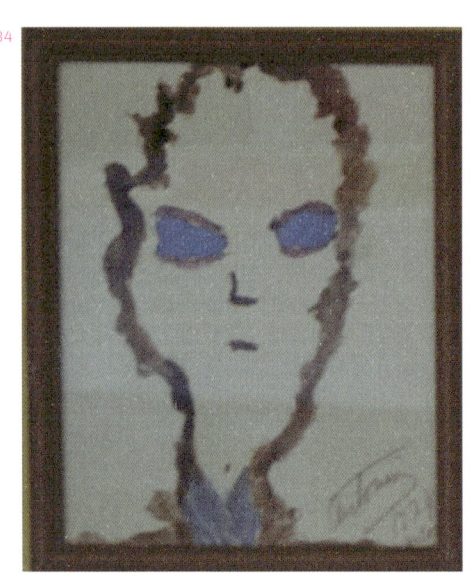

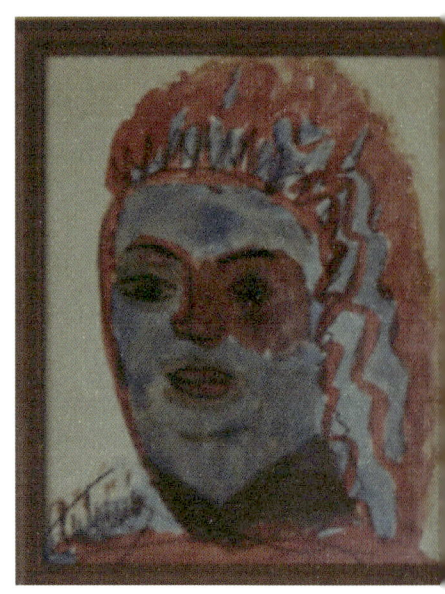

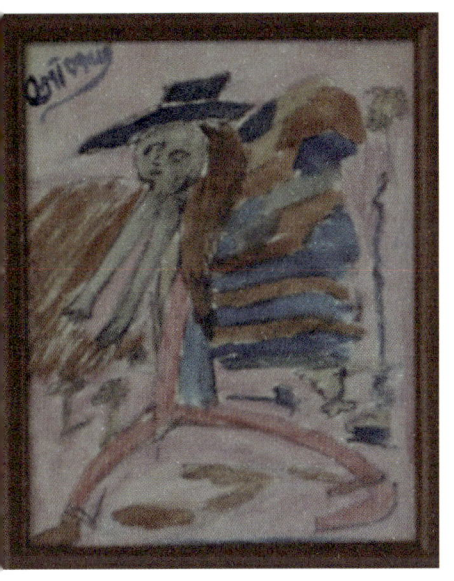

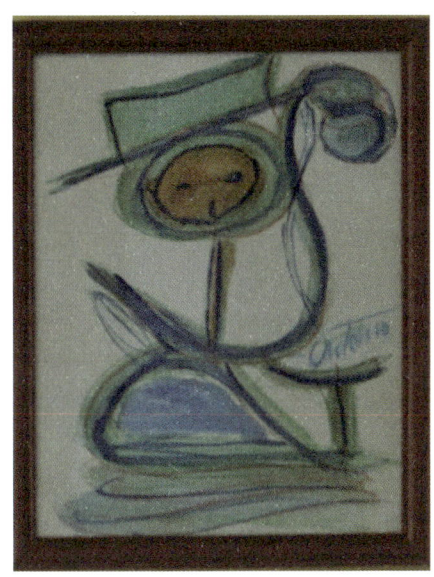

Fig. 34 / Antonio Ruiz *Soler*, (Antonio, *el bailarín*), *Retratos* (1974). Técnica mixta.
Fondo Juan de Loxa.

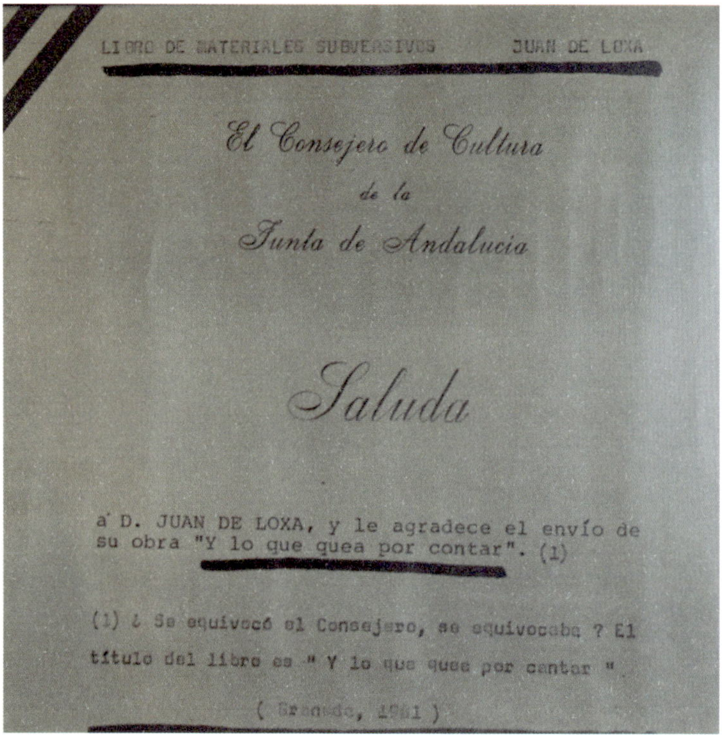

LIBRO DE MATERIALES SUBVERSIVOS   JUAN DE LOXA

El Consejero de Cultura

de la

Junta de Andalucía

Saluda

a' D. JUAN DE LOXA, y le agradece el envío de
su obra "Y lo que quea por contar". (1)

(1) ¿ Se equivocó el Consejero, se equivocaba ? El

título del libro es " Y lo que quea por cantar "

(Granada, 1981)

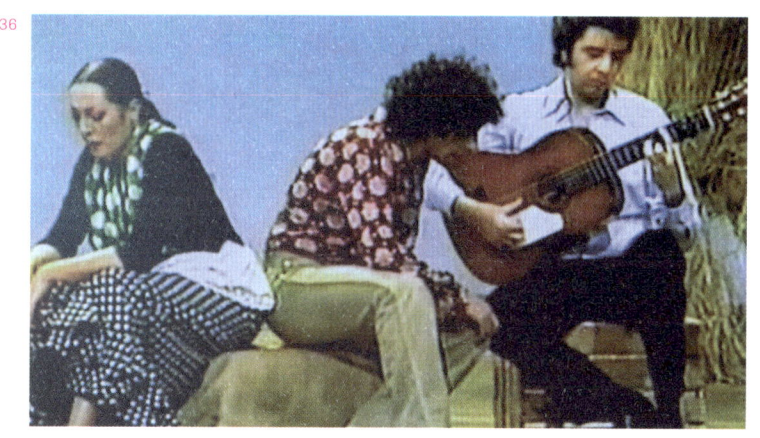

36

Fig. 35 / Juan de Loxa, *Intervención sobre felicitación del Consejero de Cultura* (1981). Fondo Juan de Loxa.

Fig. 36 / Fotograma de *¡Ay!* (1978). Espectáculo flamenco de Mario Maya con texto de Juan de Loxa, Compañía Teatro Gitano Andaluz.

37

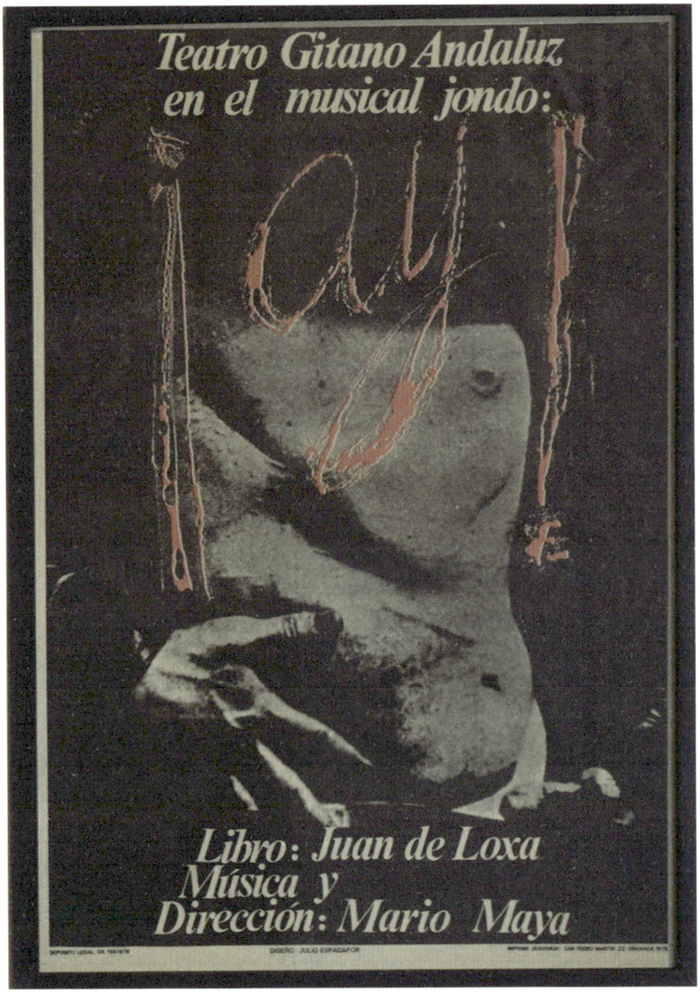
Teatro Gitano Andaluz
en el musical jondo:
¡ay!
Libro: Juan de Loxa
Música y
Dirección: Mario Maya
DISEÑO: JULIO ESPADAFOR

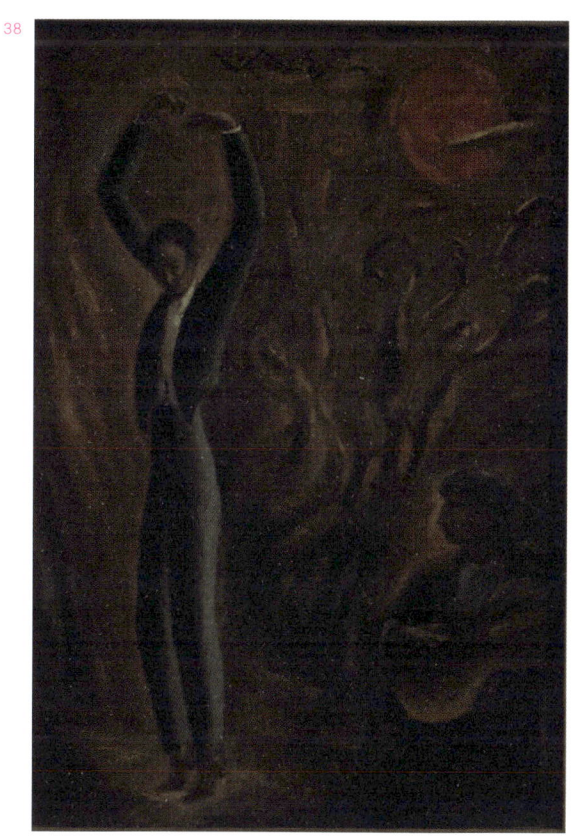

Fig. 37 / Julio Espadafor, ¡Ay! (1978). Cartel del espectáculo. Fondo Juan de Loxa.
Fig. 38 / Vicente Escudero, *Bailaor* (s. f.). Óleo sobre lienzo. Fondo Juan de Loxa.

EL DESPEÑAPERRO ANDALUZ
Mario de la Torre-Espinosa

Tras décadas de dura censura en la España del siglo XX, con momentos controvertidos para la cultura por lo caprichoso de algunas decisiones al respecto, la Transición llega ofreciendo amplias posibilidades de desarrollo para formas culturales que habían quedado marginadas. Pero también sería el momento para que otras encontraran en la periferia el humus sobre el que germinar sin demasiadas cortapisas. Este sería el caso del fanzine, producto característico de la subcultura del momento, de influencia anglosajona y desarrollado con un carácter no profesional, que se convertirá en uno de los fenómenos más interesantes de aquellos años con publicaciones como *El Víbora* o *El Rrollo Enmascarado*.

Andalucía no sería una excepción a lo que se venía produciendo en el resto del territorio español. Y lo haría en una curiosa simbiosis con los motivos de un andalucismo que ganaba enteros por esos años. Era capaz de dialogar desde "lo andaluz" con la cultura *underground* que empezaba a ocupar espacios cada vez más amplios (González Alcantud, 2022). Es así como nace *El Despeñaperro Andaluz* (1978), proyecto de gran valor de Juan de Loxa y que, en su único número, y con diseño de Julio Espadafor, acogería textos de Julio Cortázar, Rafael Cózar, José Infante, Pablo del Águila, Rafael Pérez Estrada o Javier Egea, entre otros.

Ya la portada de este único número, correspondiente al periodo julio-octubre de 1978, muestra la irreverencia con la que nace la revista. Una imagen provocativa, ilustrativa del espíritu del *destape* de la época, da la bienvenida al público: dos mujeres, ataviadas con mantilla y peineta, van desnudas con un texto que dice "¡No nos taparán!". Sería el mismo atrevimiento que encontramos también en el diseño de algunos carteles publicitarios de la publicación, como aquel en el que aparece una mujer afeitándose con el texto "PREPARANDOSE PA SALIR".

Al abrir la publicación aparece el índice sobre un *collage* con unos labios en primer término, en consonancia con la estética pop de la época, que volverán a aparecer en las dos últimas páginas. Lo *camp* se hace así presente a lo largo del número, como en la *editoriá* (sic), que usa la figura de una señora de la limpieza, de forma costumbrista, para imprimir humor a la propuesta. O cuando aparece una serie de recortables, tan queridos por Juan de Loxa, que reproducen a personajes granadinos estereotípicos del barrio sacromonteño, composición titulada "Estampas gitanas en el SACRO-MONTE" (1978: 12-13).

Lo político está muy presente, y lo hace participando de la escena contracultural de la época. Sería el caso del final, cuando se proclama un lema que representa el espíritu libre que impregna esta publicación, en consonancia con el *Zeitgeist* español y con el pensamiento de Juan de Loxa, director de la revista: "CUANDO LOS CUERPOS SEAN LIBRES, EL MUNDO SERÁ LIBRE" (1978: 4). Y es que dicha contracultura, para Theodore Roszak (1972), estaría integrada por aquellas acciones sociales que actúan contra el *statu quo* que ostenta el poder, intentando contravenir así el orden político y económico dominante. Desde este punto de vista, hay que tener en cuenta que *El Despeñaperro* nace en plena eclosión de un activismo político claro, donde reivindicar lo andaluz no solo desembocaría en el estatuto de autonomía, sino también en una conciencia identitaria a partir de los problemas de estas tierras y que tendría su reflejo en múltiples ejemplos culturales. Sería el caso de Carmelo Sánchez Muros, que en su díptico sobre Andalucía hablará del hambre que se sufre en el sur con un poema a doble página: a la izquierda en castellano y a la derecha con la trascripción fonética andaluza, todo bajo el título de "Librete Dios de la enfermedad que baja de Castilla... y de la hambre que sube de Andalucía". Este enfoque es reiterado en el texto que viene a continuación, donde Gerald Brenan recoge sus primeras impresiones al cruzar Despeñaperros: "Andalucía lo que sí podría definirse es como un país trágico, en Andalucía hay tragedia porque hay miseria" (1978: 23). Sería el caso también de la contribución de Javier Egea titulada "Spain is different", con el dibujo de una cabra subida a una escalera y una mujer con la cabeza cubierta con un pañuelo negro que pide dinero mirando directamente al lector, para ilustrar un diálogo entre Anfitrión y Turista donde se desarrolla la tragedia del expolio de estas tierras y la semi-esclavitud de sus trabajadores. O bien el texto del músico y escritor Ángel Luis Luque intitulado "A un pueblo andaluz llamado humilladero", que revive las miserias de los jornaleros, oprimidos por la figura de los señoritos, según contempló durante una gira. E incluso la reivindicación desde la ecología se hace presente en el escrito firmado por Juan M. Benito y Paca Riambau, acerca del desinterés de la administración central por la riqueza natural de Andalucía y, en concreto, Doñana.

Pero también hubo espacio para otro tipo de composiciones en las que lo andaluz, si bien también se hace presente, aparece de forma más liviana, como sucede en las páginas centrales del fanzine. Ocupadas por tres textos de Juan de Loxa, donde lo popular se pone en primer término (como por ejemplo "Una noche en la vida de Quintero, León y Quiroga, 1976"), se acompaña del poema de José Martí titulado "Mantilla andaluza", y flanqueando los laterales se incluyen dos versos de Alberti y otros dos de Lorca. Lo político, como se puede dilucidar, no estaba tampoco excluido. Y resulta también llamativo el peculiar horóscopo de las ocho provincias andaluzas firmado por Antonio Enrique.

La revista se presentaría, entre otros lugares, en la Cuesta de San Gregorio de Granada, donde vivía de Loxa. Con un diseño epatante creado por Espadafor, otra muestra del buen gusto del creador lojeño, y grapadas por el centro, se venderían los ejemplares a "veinte duros y la voluntá", como se decía en la contraportada. Supone una muestra más del carácter intrépido de Juan de Loxa, que haría de la provocación una de sus señas más reconocidas. Dos años antes, como muestra de su genio, sería denunciado por su conferencia del 2 de junio de 1976, en concreto por sus "constantes críticas, en tono irónico y ridiculizante, sobre las Instituciones de la Nación y sobre las autoridades que las encarnaron", usando expresiones como "Paco, Paco, Paco, con el decreto antiputas nos estás dando porsaco" o "la era del Padre, Hijo y del Espíritu Nacional Triunfalista" (denuncia del 18 de junio de 1976), consideradas socialmente reprobables. Supone así *El Despeñaperro Andaluz* una muestra más de su añorado carácter comprometido e insurrecto.

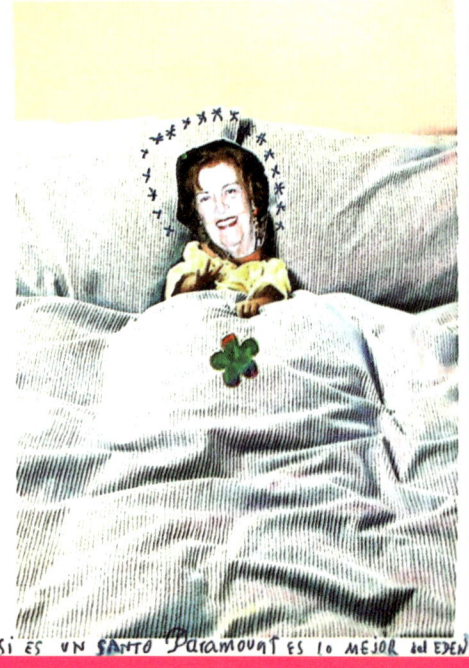

40

SI ES UN SANTO *Paramount* ES lo MEJOR del EDEN

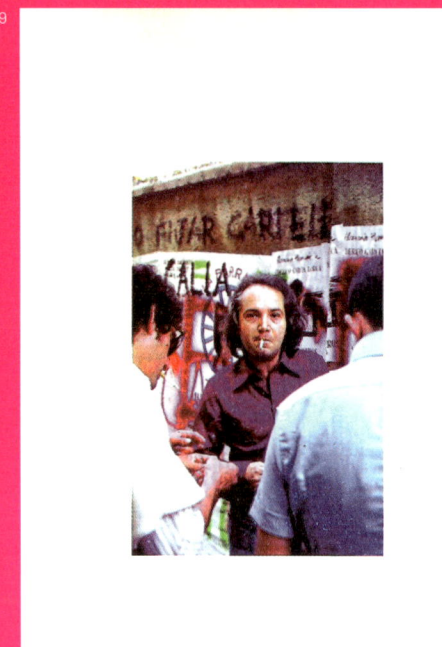

39

Fig. 39 / *Collage* con Imperio Argentina. Fondo Juan de Loxa.

Fig. 40 / Juan de Loxa en manifestación homenaje a Federico García Lorca, Granada (1976). Fondo Juan de Loxa.

Fig. 41 / Juan de Loxa en manifestación homenaje a Federico García Lorca, Granada (1976). Fondo Juan de Loxa.

Fig. 42 / *Collage* con el título de *El Despeñaperro Andaluz*. Fondo Juan de Loxa.

41

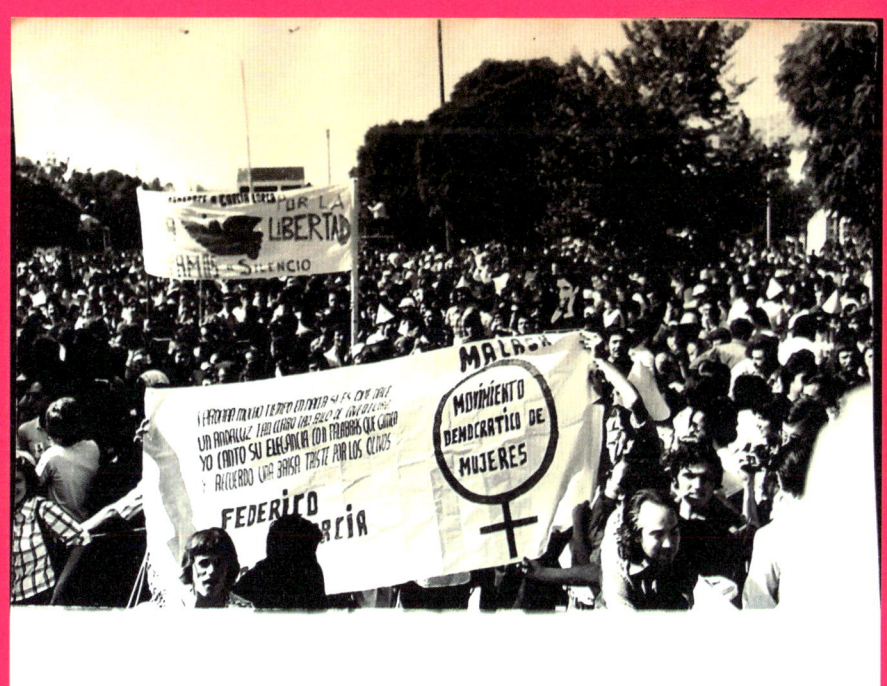

42

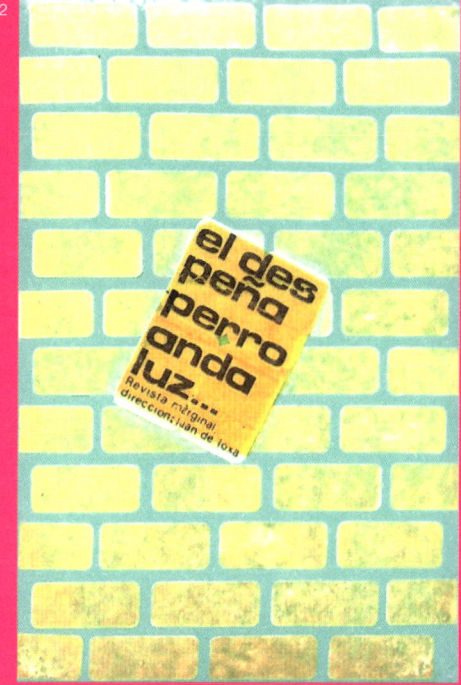

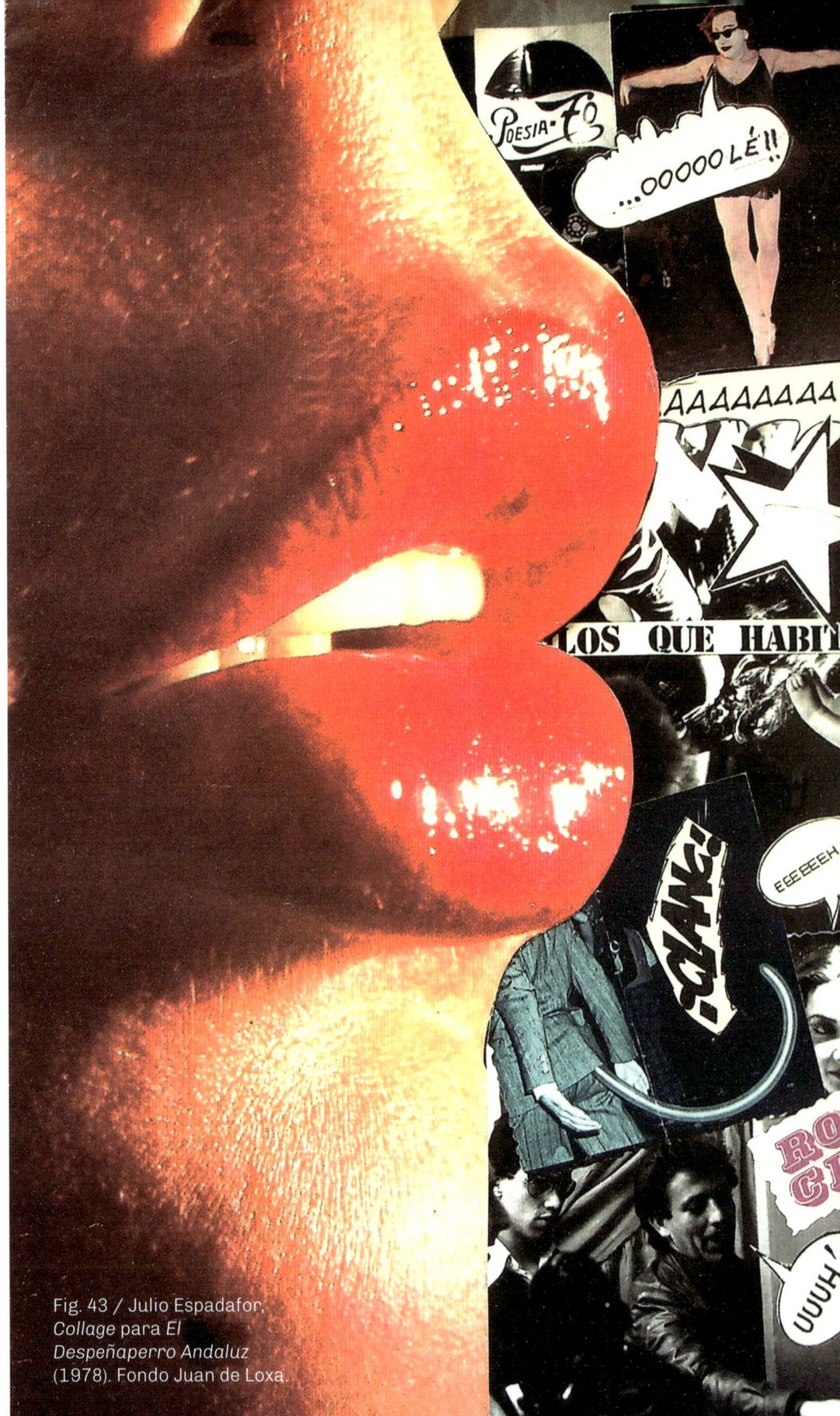

Fig. 43 / Julio Espadafor,
Collage para *El
Despeñaperro Andaluz*
(1978). Fondo Juan de Loxa.

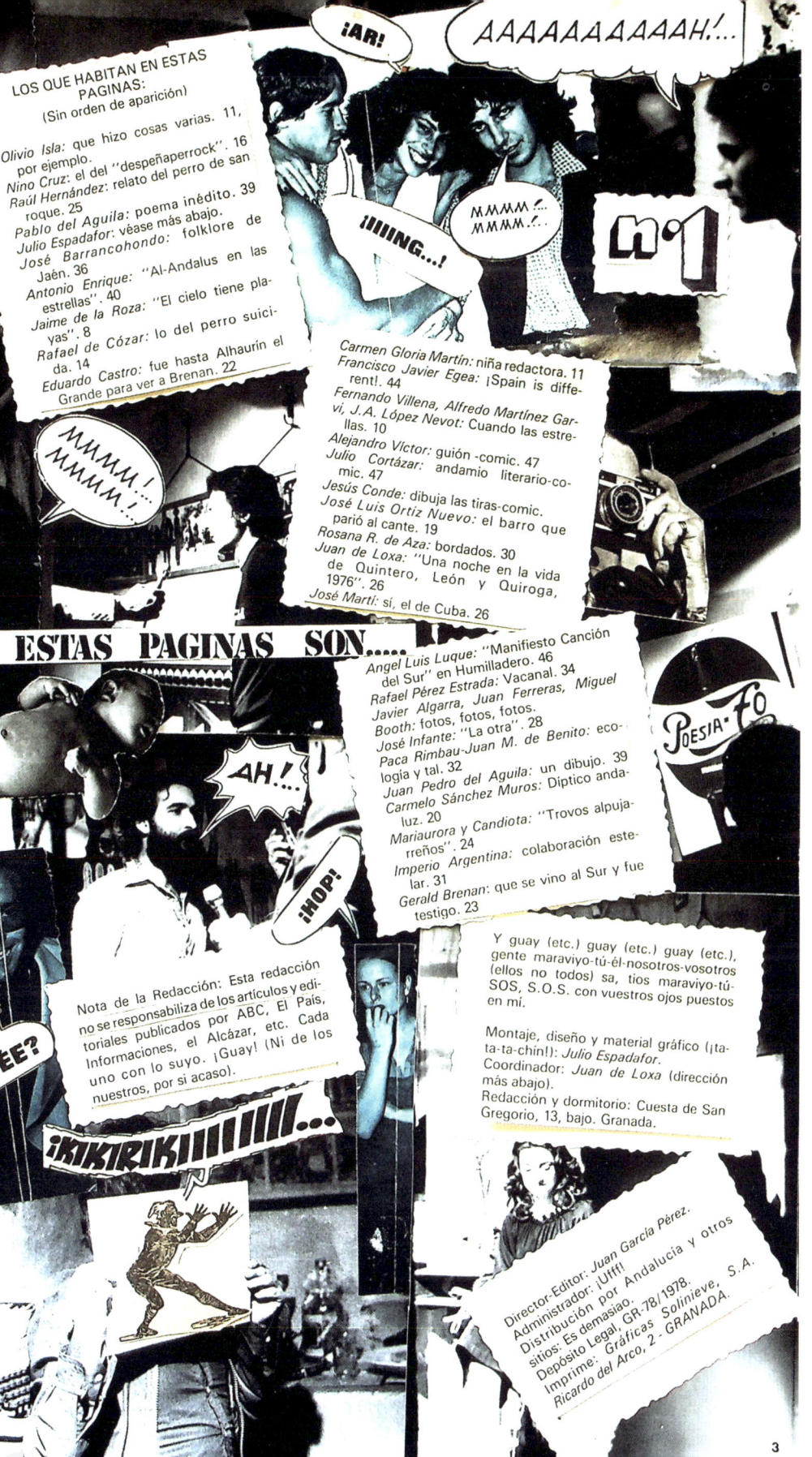

ESTAS PAGINAS SON.....

Nota de la Redacción: Esta redacción no se responsabiliza de los artículos y editoriales publicados por ABC, El País, Informaciones, el Alcázar, etc. Cada uno con lo suyo. ¡Guay! (Ni de los nuestros, por si acaso).

Y guay (etc.) guay (etc.) guay (etc.), gente maraviyo-tú-él-nosotros-vosotros (ellos no todos) sa, tios maraviyo-tú-SOS, S.O.S. con vuestros ojos puestos en mí.

Montaje, diseño y material gráfico (¡ta-ta-ta-chín!): *Julio Espadafor.*

Coordinador: *Juan de Loxa* (dirección más abajo).

Redacción y dormitorio: Cuesta de San Gregorio, 13, bajo. Granada.

Director-Editor: *Juan García Pérez.*

Administrador: ¡Uff!

Distribución por Andalucía y otros sitios: Es demasiao.

Depósito Legal, GR-78/1978.

Imprime: *Gráficas Solinieve, S.A.* Ricardo del Arco, 2 - GRANADA.

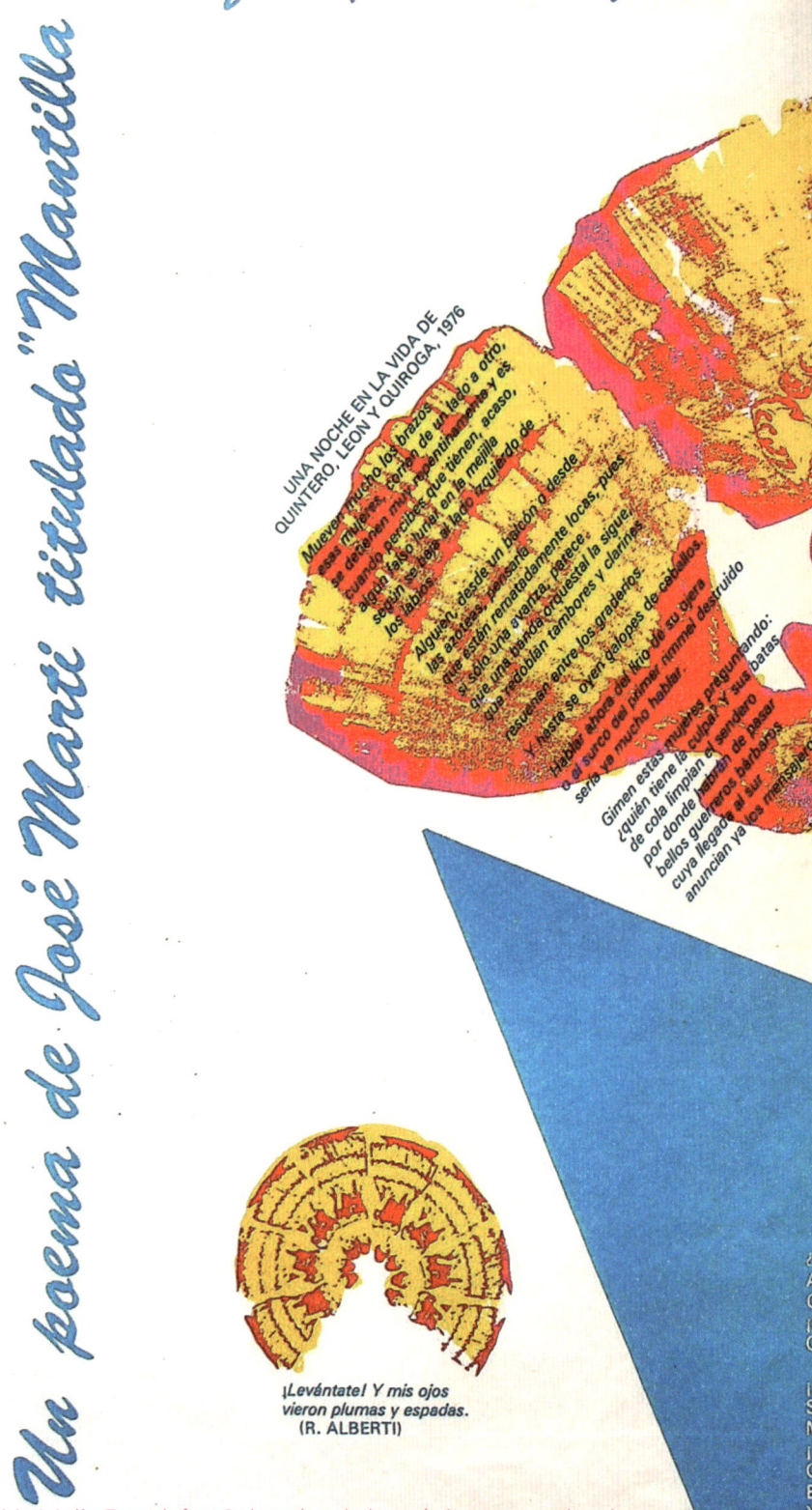

UNA NOCHE EN LA VIDA DE
QUINTERO, LEON Y QUIROGA, 1976

Mueven mucho los brazos esas mujeres, caen de un lado a otro, se detienen muy repentinamente y es cuando percibe que tienen, acaso, algún falso lunar en la mejilla según se teja al lado izquierdo de los labios.

Alguien, desde un balcón o desde las azoteas, palmea que están rematadamente locas, pues si sola una banda orquestal la sigue, que redoblan tambores y clarines resuenan entre los graderíos.

Y hasta se oyen galopes de caballos, el surco del lirio de su opera.

Hablar ahora del primer rimmer destruido sería yo mucho hablar.

Gimen estas mujeres preguntando:
¿quién tiene la culpa? Y sus batas de cola limpian el sendero de pasar por donde habrán de pasar bellos guerreros bárbaros cuya llegada al sur anuncian ya los mensajeros.

¡Levántate! Y mis ojos
vieron plumas y espadas.
(R. ALBERTI)

Fig. 44 / Julio Espadafor, Galeradas de las páginas centrales de
El Despeñaperro Andaluz (1978). Fondo Juan de Loxa.

A QUE VA
ABEZA

al fin ya pudo
n peinetorio
da
erlen

dulce tira
saliva.

que Lolila,

e los nardos

rga,
s moradoras
s,

rinero:
al, que con
lo:
ncárta, esas,
e España
rdáto.

ora lucha
ted y riza
años
tigmas de uñas
es

POR QUE TIENES OJERAS ESTA TARDE

illa
za

ra que puedes
so
uza?
ue me encuentrer
ineta!

lta, surgen
guirte
is claveles.
me miras,
quien echa
e,
balanzo
sediento.

as
olluelo».

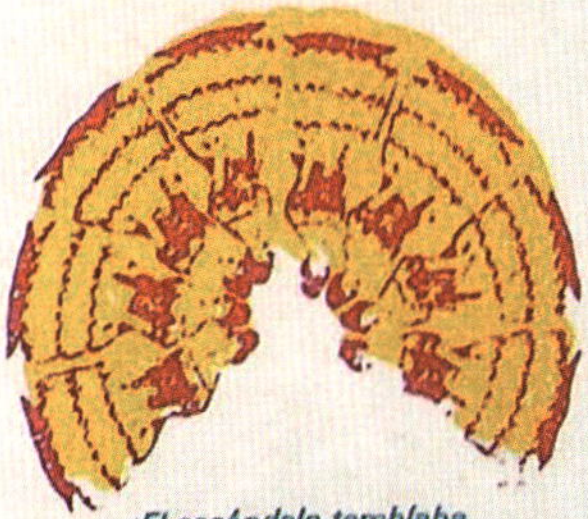

«El escándalo temblaba
rayado como una cebra»
(G.ª LORCA)

Suscripción de honor (honor verdi-blanco)
Son 1.000 pts. (un verde)

Nombre ....

Domicilio ....

Localidad ....

Teléfono ....

El Despeñaperro Andaluz

Una revista no vista

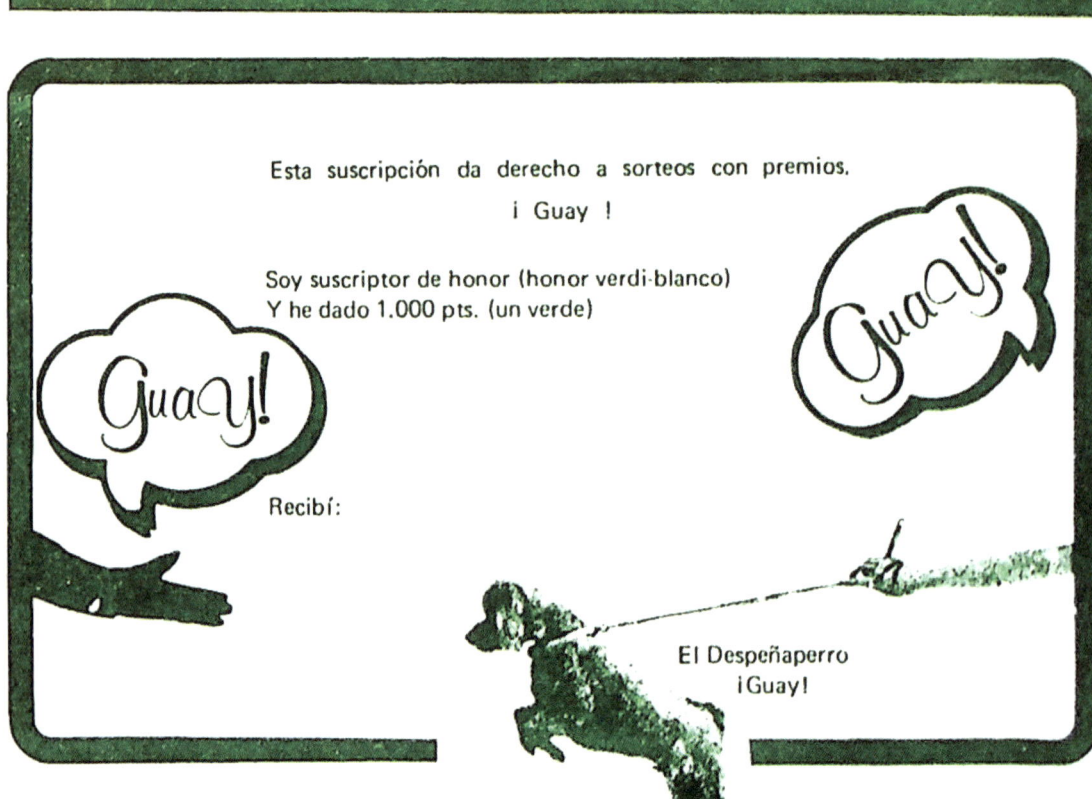

Esta suscripción da derecho a sorteos con premios.
¡ Guay !

Soy suscriptor de honor (honor verdi-blanco)
Y he dado 1.000 pts. (un verde)

¡Guay!

¡Guay!

Recibí:

El Despeñaperro
¡Guay!

El Despeñaperro Andaluz

Una revista no vista

Tarifas "EL DESPEÑAPERRO ANDALUZ"

. Solamente publicidad cultural   .

contraportada: 15.000 pts.
    " interior: 12.000 pts. 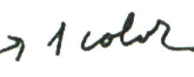 2 colores
interior portada: 12.000 pts.

1 página : 10.000 pts. → 2 colores
1/2 " :   5.000 pts.
1/4 " :   3.000 pts.

1 página :   8.000 pts. 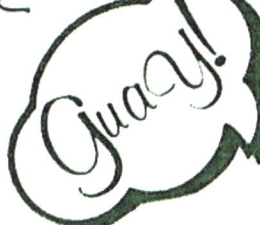 1 color
1/2 " :   4.000 pts.
1/4 " :   2.500 pts.

Una revista no vista en Andalucía.
Publicidad seleccionada.

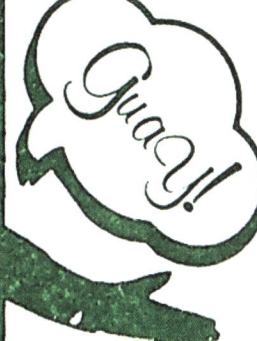

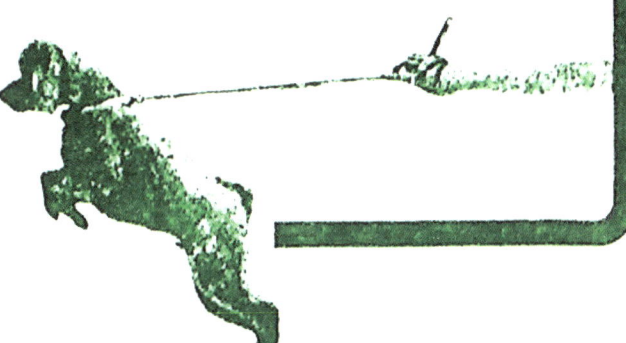

MANIFIESTO CANCIÓN DEL SUR
Carlos Morales Gálvez

Manifiesto Canción del Sur (MCS) fue un movimiento granadino de canción de autor cuya génesis se encuentra en 1968. Estuvo formado inicialmente por Carlos Cano y Antonio Mata, aunque posteriormente se integrarían otros cantautores como Enrique Moratalla, Nande Ferrer, Pascual Pérez de Chaparro, Juan Titos, Juan José Ceba, Ángel Luis Luque, Esteban Valdivieso, Miguel Ángel González, Raúl Alcover, Aurora Moreno, Ignacio Tinaud, Francisco del Pino, José María Agüi o Ignacio Carrillo de Albornoz. Todos ellos bajo la mirada de Juan de Loxa, quién sirvió de catalizador de este movimiento sociocultural y de influjo ideológico. En torno a MCS y, como proyectos relacionados con este movimiento, se encuentran la revista *Poesía 70* (1968-1970), editada por Juan de Loxa, y el programa de radio homónimo que conducía. Ambos fueron espacios donde participaron artistas nacionales e internacionales, con una especial atención a Andalucía y Latinoamérica que marcaría ciertas líneas ideológicas en los presupuestos de MCS. Queda constancia de ello una prolija producción poética, gráfica y epistolar de cientos de ítems pertenecientes al Fondo Juan de Loxa, de los cuales esta exposición ha realizado una selección representativa.

El nacimiento de estas tres manifestaciones culturales y, principalmente, de MCS coincide con las revoluciones de mayo de 1968 en Francia, la primavera de Praga y las revueltas en los Estados Unidos, así como las protestas en el territorio español de marzo de 1968. La situación internacional supuso un aliciente para que multitud de jóvenes españoles adoptaran posturas más irreverentes ante el régimen franquista, como se puede constatar en las letras de las canciones de MCS o en los poemas de *Poesía 70*, así como una creciente crispación durante la etapa del desarrollismo económico que desembocó en el estado excepción de 1969, y fue precipitado por la muerte del estudiante Enrique Ruano Casanova el 21 de enero del mismo año en dependencias de la policía tras su detención.

En 1969 se elabora y recita el manifiesto de MCS en un concierto programado en el Aula Magna de la antigua Facultad de Medicina de Granada y organizado por el grupo de estudiantes POESÍA 70. Este documento estableció las principales bases artísticas e ideológicas del movimiento sociocultural encabezado por Juan de Loxa. MCS tuvo por objetivo reflejar unas realidades socioeconómicas desfavorables como elementos universales para estructurar un discurso artístico-musical subversivo y de resistencia. El carácter identitario andaluz a partir de la noción de lo jondo, la canción flamenca y la deprimida situación económica fueron las bases del discurso desplegado en el manifiesto. MCS criticaba la situación de carestía económica y de infraestructuras en la Andalucía de la época a partir del concepto de *los sures* (el sur global) con premisas en el manifiesto tales como que pretendían "acercar nuestro espíritu al resto del mundo", o que el "ESPIRITU [...] no es un factor de tiempo, sino de ESPACIO". MCS se sustentaba a partir de ideas provenientes del estructuralismo latinoamericano que realizaba una "defensa de la idea de liberación contra las estructuras de dominación que desde la fase colonial fragmentaron la región para someterla a los intereses de los centros hegemónicos" (Armando Di, 2017: 4). Así pues, MCS adoptaba una concepción neomarxista de una organización mundial configurada de manera estructural en la que existirían potencias centrales, semiperiféricas y periféricas (Bernal-Meza, 2016: 21).

Además, el manifiesto establece que la música del colectivo MCS desciende de la canción flamenca, una afirmación que incidía sobre los procesos de manipulación de este género artístico-musical por el régimen y la configuración de propaganda franquista a partir de elementos de un folklore que diseminaba tópicos andaluces bajo la pretensión de pasar como elementos universales españoles. En este sentido, MCS se presentaba como un movimiento proteccionista de las tradiciones populares que, a su vez, empleaba dichos elementos folklóricos de manera simbólica para reivindicar derechos sociales y un estatus económico justo para los andaluces.

Tras el fallecimiento del dictador Francisco Franco Bahamonde y el advenimiento de un proceso de transición democrática, se generó un estado de miedo e incertidumbre que limitaron determinados actos culturales cargados de mensajes ideológicos como los de este movimiento. La disolución de MCS sucede en 1976 tras la marcha de Carlos Cano, desacuerdos sobre ideas políticas entre los integrantes de MCS y el nacimiento del hijo de Cano. Esta reciente paternidad le obliga a encontrar una fuente de ingresos más estable como cantautor, lo que fue criticado por los demás miembros y, particularmente, por Juan de Loxa, a pesar de que Enrique Moratalla y Antonio Mata también habían tomado una decisión similar. Con ello, las revoluciones poéticas, la reivindicación de *los sures* y la universalización de estos quedaron subsumidos en una atmósfera de frustración motivada por la decisión de emprender proyectos individuales para subsistir económicamente.

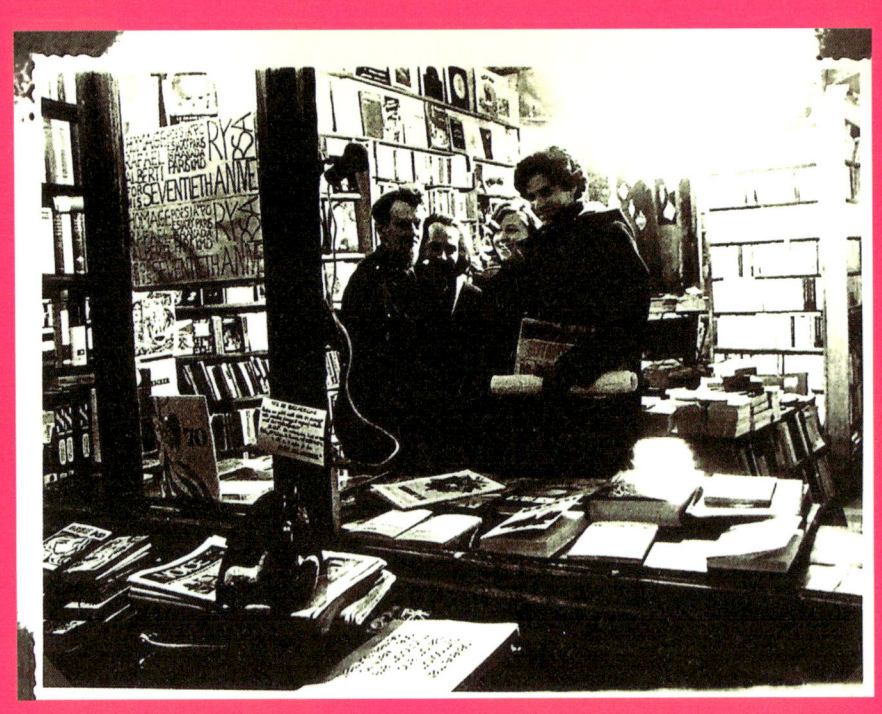

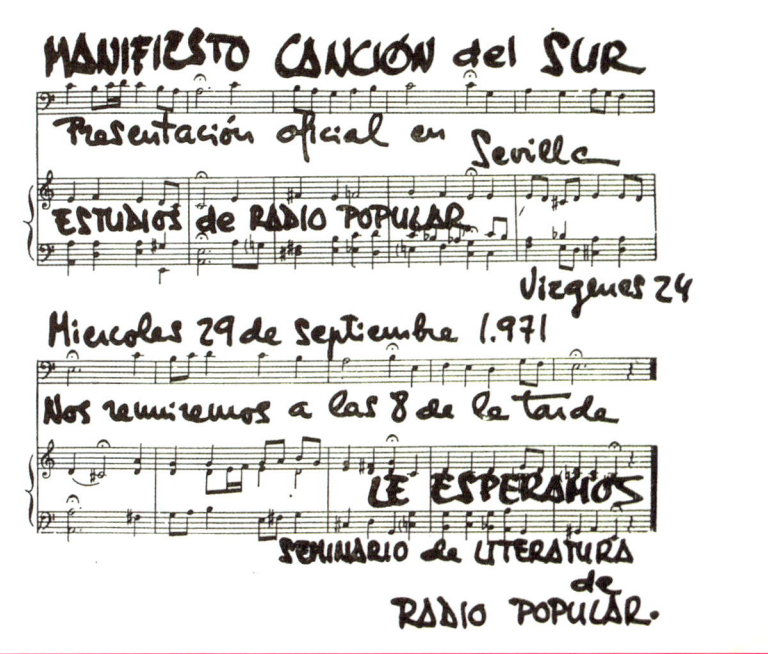

Fig. 45 / Carlos Cano, George Whitman y Juan de Loxa en la Librería Shakespeare and Company de París. Homenaje a Federico García Lorca (1972). Fotografía. Fondo Juan de Loxa.

Fig. 46 / Pasquín de la presentación oficial del Manifiesto Canción del Sur en Sevilla (1971). Seminario de Literatura de Radio Popular. Material gráfico, cartel sobre partitura. Fondo Juan de Loxa.

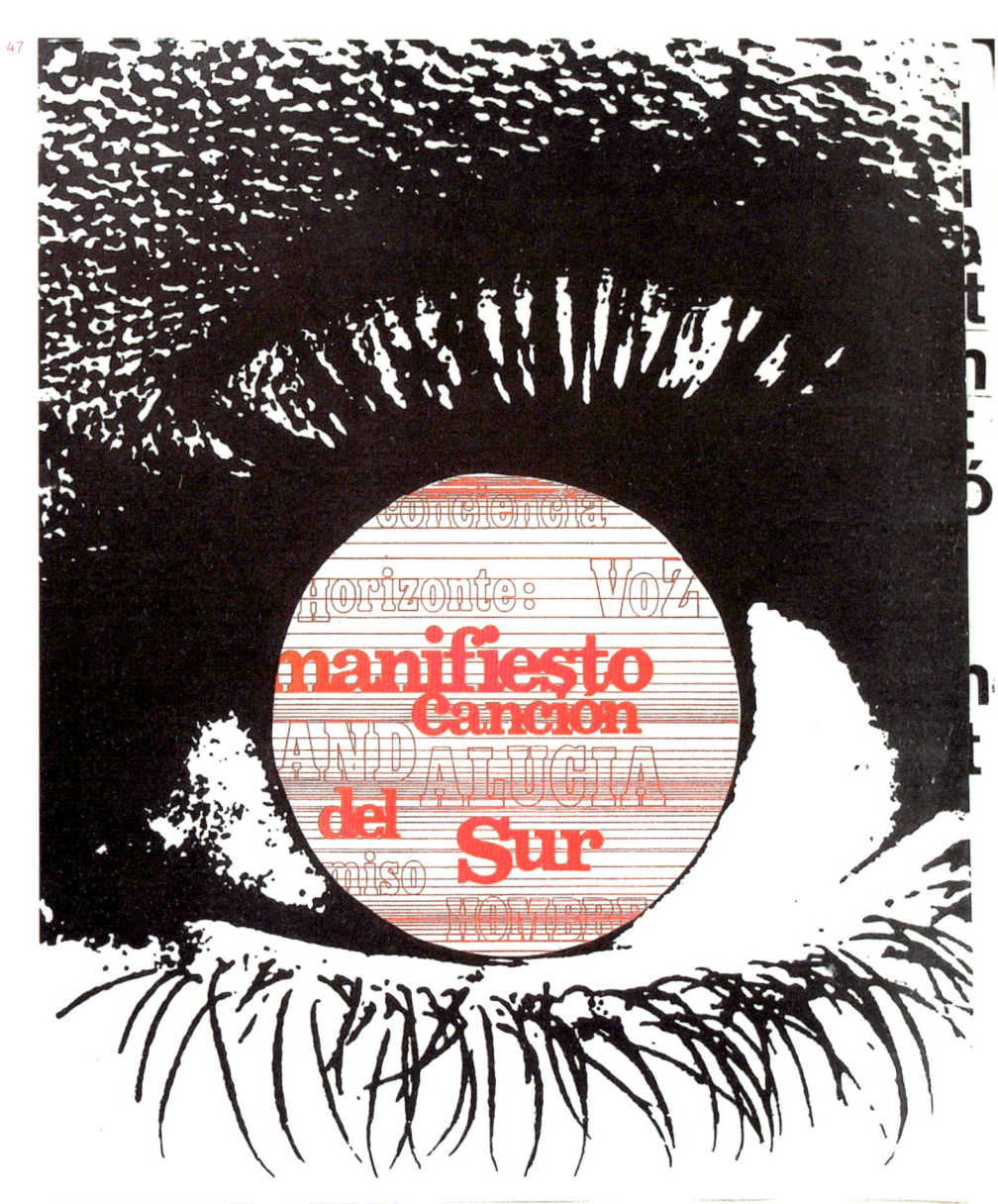

Fig. 47 / Cartel. Manifiesto Canción del Sur (1971). Fondo Juan de Loxa.
Fig. 48 / Carlos Cano (Guy Deséglise), Carta de Carlos Cano desde Normandía,
original manuscrita (1973). Fondo Juan de Loxa.

Repónte (yo sé que te repones)
No te deprimas (sé de la lucidez que encierra) Presiento
que vamos a necesitar de todas nuestras fuerzas (físicas y morales) para
sobrevivir en
este trajago.
Pero nosotros
trabajamos con
el presente para
el futuro y esa
es nuestra Revolución. Vienen
tiempos difíciles y hermosos
para el hombre,
para el Sur, para nosotros. Y
sólo los fuertes,
los iluminados
sobrevivirán a
las Tinieblas.
Que la noche se
encienda con
mi abrazo. Hasta...
P.D.: P. Ramírez
te presentará genética la Radio.

Lo mejor
para el viaje es que vayas
a Viajes Aimar
(calle Ganivet). Pide información sobre Tren "Puerta del Sol".
Precios, días llegada y
salida, hora y etc (si tomo
litera de 2ª si el viaje
es por la noche) En
cuanto tengas el
billete, no olvides
ponerme un telegrama. (No sé
si más feden...
co el meli...

49

Aluis Luagne
Octubre, 74.

50

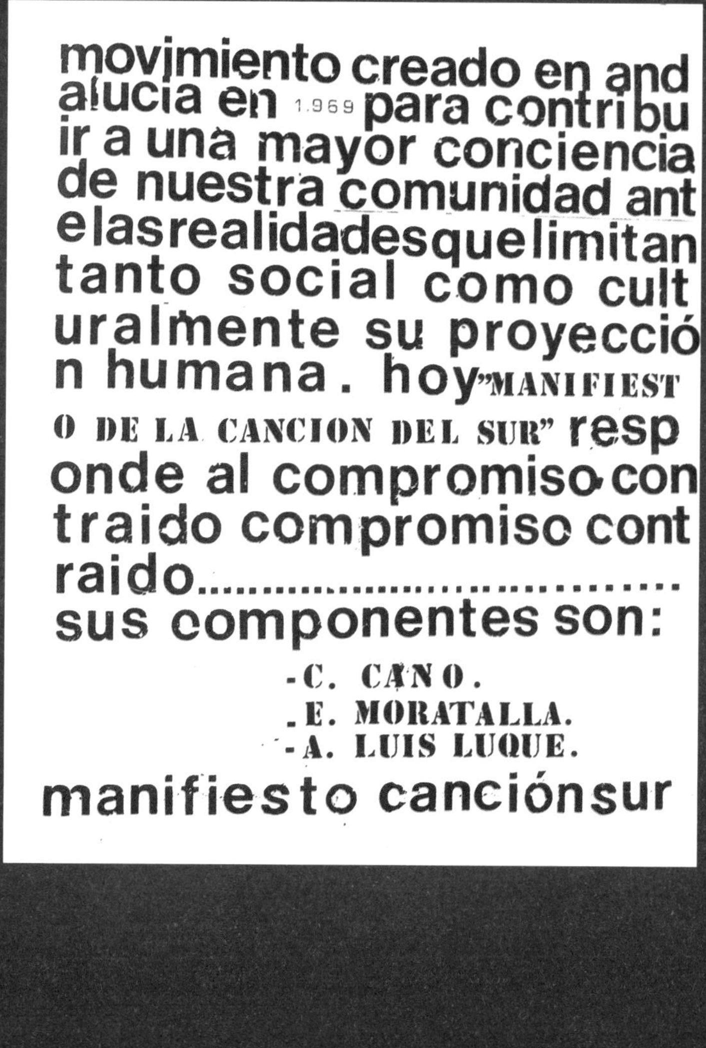

**movimiento creado en and
alucia en** 1.969 **para contribu
ir a una mayor conciencia
de nuestra comunidad ant
elasrealidadesquelimitan
tanto social como cult
uralmente su proyecció
n humana. hoy"MANIFIEST
O DE LA CANCION DEL SUR" resp
onde al compromiso con
traido compromiso cont
raido.....................................
sus componentes son:**

            -C. CANO.
            .E. MORATALLA.
            --A. LUIS LUQUE.

manifiesto canciónsur

Fig. 49 / Ángel Luis Luque, *sin título* (1974). Aguada sobre papel. Fondo Juan de Loxa.
Fig. 50 / Manifiesto Canción del Sur (1971). Fondo Juan de Loxa.

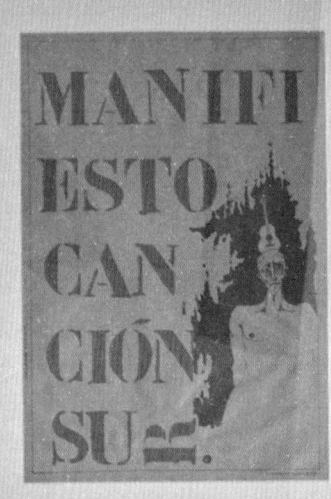

51

52

MANIFIESTO CANCION DEL SUR

Hace saber:

Que el próximo día 13 de Febrero,
vispera de la fiesta de los enamorados,
a las 7'30 de la tarde en el
Salón de Actos de la

CAJA DE AHORROS DE GRANADA,

llevaremos a cabo
un recital de canciones,
actuaremos, ANTONIO MATA,
PASCUAL, CARLOS CANO
y el grupo «PRINCIPIO Y FIN»
siendo retransmitido el acto por la
emisora de **RADIO POPULAR**

la entrada es libre.   De modo que...

Imp. Vda. de Molón-Imp. Legal Gr. 89 - Gr - 2 - 31 - Adros.

53

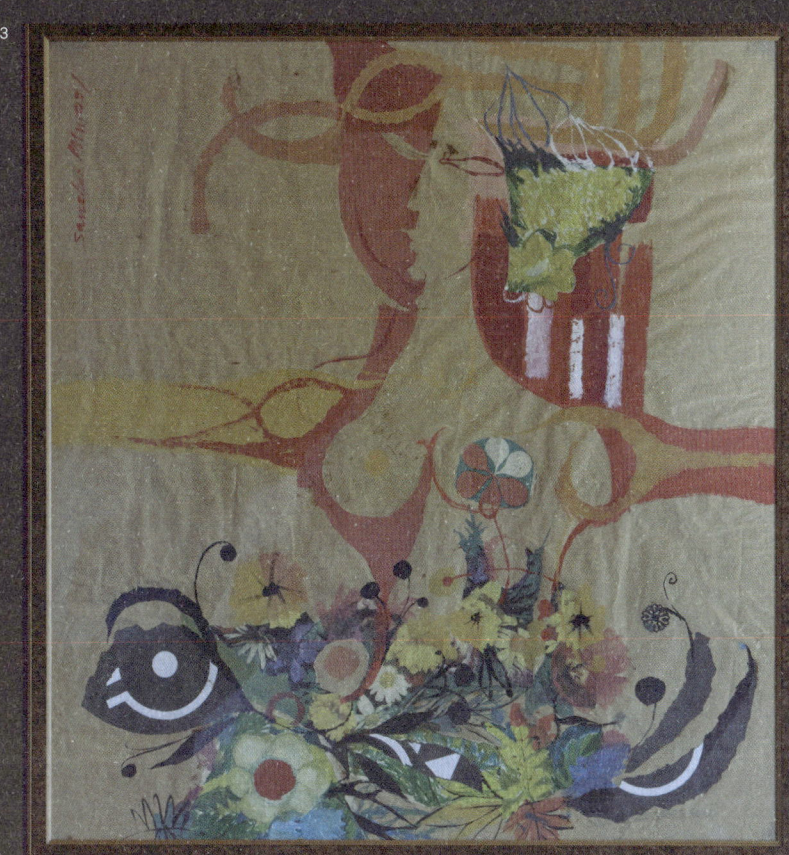

Fig. 51 / Cartel. Manifiesto Canción del Sur (1971). Fondo Juan de Loxa.

Fig. 52 / Cartel anunciador, recital de Manifiesto Canción del Sur, Caja de Ahorros de Granada, 13 de febrero de 1971. Fondo Juan de Loxa.

Fig. 53 / Claudio Sánchez Muros, *sin título* (1989 ?). Técnica mixta sobre papel. Fondo Juan de Loxa.

OBRA POÉTICA DE JUAN DE LOXA
Mercedes de la Moneda

"poeta con andamios y escaleras para subir al dintel de los versos"
Dedicatoria a Juan de Loxa (Javier Egea, 1973)

"porque[la poesía] imprime carácter y me es imposible
desenvolverme en otra cosa que no sea poesía"
Juan de Loxa (en Trenas, 1979)

Hacemos en estas líneas un brevísimo recorrido por la actividad poética de Juan de Loxa, al hilo de sus publicaciones y de la exposición *Juan de Loxa: 1944-2017. Jondo y Beat*. Empezaremos nuestro periplo viajando a junio de 1966. En este mes tan lorquiano y tan loxiano, se publica en la revista malagueña *Caracola* el poema que, bajo la firma de Juan García Pérez, se inicia con los siguientes versos: "me encuentro roto / de carne y de poemas / la causa es que la noche ha intentado morderme / aprovechando lagrimas de vino y cigarrillos" (García Pérez, 1966).

La composición, que se declara como parte de la obra inédita "autobiografía ininterrumpida", obtendrá la mención de honor en el Premio de poesía Pedro Bargueño. Poco después, en marzo de 1967, cerca de cumplir los 23 años, obtendrá el Premio Bayoán. Participa en el concurso con el poema "Variaciones a cinco tonos para Rubén Darío", que firma ya como Juan de Loxa García Pérez. En septiembre de 1967 Loxa inicia la emisión de *Poesía 70* en la COPE, que con su carácter desmitificador y transgresor marcará la vida literaria de Granada y de su director.

En octubre de 1968, ya como Juan de Loxa, publica, también en *Caracola*, el "Poema 17 de Solo de Bordón" (Loxa, 1968), que quedará recogido en *Las aventuras de los...* (Loxa, 1972). En diciembre de 1968 se inicia la andadura de la revista *Poesía 70*, con la presentación del número cero.

En 1969 se publica el Poema "Homenaje" en el valiente número de la revista *Litoral* dedicado "al llanto de Granada por Federico". Este poema, a modo de elegía, pero claramente innovador y cargado de elementos lúdicos, fue ya publicado en el número cero de *Poesía 70* y será de nuevo seleccionado en 1972 con motivo del Homenaje a Federico García Lorca, organizado por la Unesco en París.

En 1969, con la obra *Las aventuras de los*…, Juan de Loxa es galardonado *ex aequo* en la primera edición del Premio internacional de poesía "El Olivo". El galardón está dotado con diez mil pesetas y la edición del libro ganador. Así, en 1971 la obra se publica bajo la edición del poeta jiennense Diego Sánchez del Real, con portada e ilustraciones de su amigo y gran colaborador Claudio Sánchez Muros. El libro, o "precipitado poético" como lo califica el autor, surge del contacto de *Solo de Bordón* y de *Las aventuras de los*… (Loxa, 1971). En esta primera opera ya gran parte de los *leitmotiv* de la factura loxiana: el concepto de poesía-comic, la poesía visual, el mestizaje de lenguajes, la intermedialidad, el uso de la cultura popular y de los ídolos para su desmitificación, y el concepto de obra abierta, colectiva e inacabada. Aspectos que ya han sido analizados, en la trayectoria poética de Loxa, por algunos de los estudiosos de su obra (Castro, O., 2018; Castro, E., 2018; Guzmán, 2008, 2009, 2010).

El periodo que abarca de finales de los sesenta hasta los ochenta está lleno de vitalidad poética y creativa en Granada. Se produce una toma de conciencia del carácter ideológico e histórico de la literatura, que se afianza con ítems como la creación del colectivo 77, enraizado en la generación del 27 (Guzman, 2008: 957). En palabras de Luis García Montero (1991), "Granada fue en los últimos años setenta una buena ciudad para empezar a hacer poesía". Loxa, que protagoniza y participa de todo ello, continúa publicando en las revistas poéticas del momento. Así ve la luz, nuevamente en *Litoral*, el poema "Siete liras setenta para Manuel de Falla (Tertulia la Antequeruela)" (Loxa, 1973). Por supuesto publica en *El Despeñaperro Andaluz*, poemas que en 2006 se reagruparán en el poemario *Una noche en la vida de Quintero, León y Quiroga* y en las algunas de las más emblemáticas iniciativas granadinas, como las revistas *Letras del Sur* ("El elegido se prepara…" [Loxa, 1978]) o bien *Trames*, editada por Rafael Juárez ("La monja que se duerme" [Loxa, 1982b]).

En esta misma época se refuerza la reivindicación del concepto de jondismo y de la cultura gitana y andaluza, como representación del otro y del oprimido, que queda explícito en el emblemático libro colectivo *Jondos 6* (Burgos, 1975), y en los libretos de la obra *Ceremonial* (Loxa, 1975) y del musical jondo *¡Ay!* (Loxa, 1977).

Durante este fructífero periodo, la obra poética de Loxa, amén de distribuirse en dípticos, pliegos sueltos, muestras de poesía visual, carteles, lecturas y recitales, etc., se publica en destacadas obras colectivas y antologías. Remitimos a la relación que para esta década aparece en la propia producción de Juan de Loxa (Loxa, 1982a; 2011: 71). En este periodo debemos sumar la participación en libros-homenaje, siendo especialmente significativos los dedicados a García Lorca, como el promovido por la Unesco (García Lorca, 1972); el homenaje de los estudiantes de Ciencias (Homenaje, 1969); el homenaje a Manuel Ángeles Ortiz (Ángeles, 1973) con una cuidadísima edición a cargo de Ángel Caffarena; y, finalmente, la antología dedicada a Alberti (Arniz, 1977). Dicha actividad será una constante en su vida, participando en posteriores obras dedicadas a Alberti, Bécquer, Celaya, Félix Grande, Morente, León, por supuesto García Lorca, etc., así como en antologías en torno a distintos motivos (flamenco, poesía andaluza, poesía erótica, poesía y Granada, poesía experimental y heterodoxa, etc.). De todo ello da buena cuenta, con una extensa recopilación, la página web del poeta, mantenida en la actualidad por sus herederos.

Con el inicio de la década de los ochenta, vuelve a publicar nuevos libros. Será el caso de ...Y lo que queda por cantar (Loxa, 1980, 1981), centrado en la copla y en el jondismo, contiene una selección de los poemas del musical ¡Ay! Con ilustraciones de Manuel Ángeles Ortiz e introducción de Ángel Caffarena, el libro es, en palabras del autor, "válido, que, centrado en la copla como perenne reafirmación de su amor al pueblo andaluz" (Loxa, 1981: 8).

Con escasa diferencia temporal se publican *Crimen maravilloso*, exquisito libro de artista con dibujos de Quijano, en edición limitada y numerada (Loxa, 1981 b), y *Christian Dios en cada rincón de mi cuerpo* (Loxa, 1982a), que incluye algunos versos seleccionados previamente para *Degeneración del 70. Antología de Poetas heterodoxos andaluces* (1978). La temática de este poemario, junto con *Juego y pesadilla de Pinito del Oro*, incide en otro *leitmotiv* loxiano, la ruptura de la imagen estereotipada de la mujer como ser dulce, complaciente y dominado (Castro, O, 2018).

Ya en nuestro siglo se editan nuevas y muy cuidadas obras, que solo enumeraremos. *Una noche en la vida de Quintero, León y Quiroga* (Loxa, 2006), publicado el mismo año que ingresa en la Academia de las Buenas Letras de Granada; *Juegos reunidos*, donde compendia gran parte del material generado en relación a las instalaciones y la poesía visual (Loxa, 2009); *Parole, parole* (Loxa, 2011); *Juego y pesadilla de Pinito del Oro*, con ilustraciones de José Aguilera (Loxa, 2017); *El número 1: libreto del ballet flamenco* Mi sentir en Pablo *de David Martin* (Loxa, 2016) y la antología póstuma *Resistir al margen*, en cuyo prólogo Olalla Castro hace un pormenorizado análisis de los elementos configuradores de la poesía loxiana (Loxa & Castro, 2018).

Para finalizar, viajemos al futuro: los poemas que Loxa nos ha dejado escritos, grabados, codificados... quizás sean solo pistas, señales en el camino para comprender y aprehender una manera de ver la vida, la suya, que abrió nuevas sendas poéticas y vitales, en unos momentos que fueron cruciales para la historia poética y, sobre todo, social de Andalucía y de España. Como nos dijo Sánchez del Real (1971) "son los poetas como Loxa, los que derraman aliento y esperanza", tan necesaria en tiempos de crisis y encrucijada, "cuando se interrumpe la armonía, se quema el sueño y se pierden las palabras". Palabras que a mi parecer continúan hoy plenas de sentido y actualidad.

JUAN DE LOXA

las aventuras de los...

BANG!

PREMIO INTERNACIONAL DE POESIA "EL OLIVO" 1969

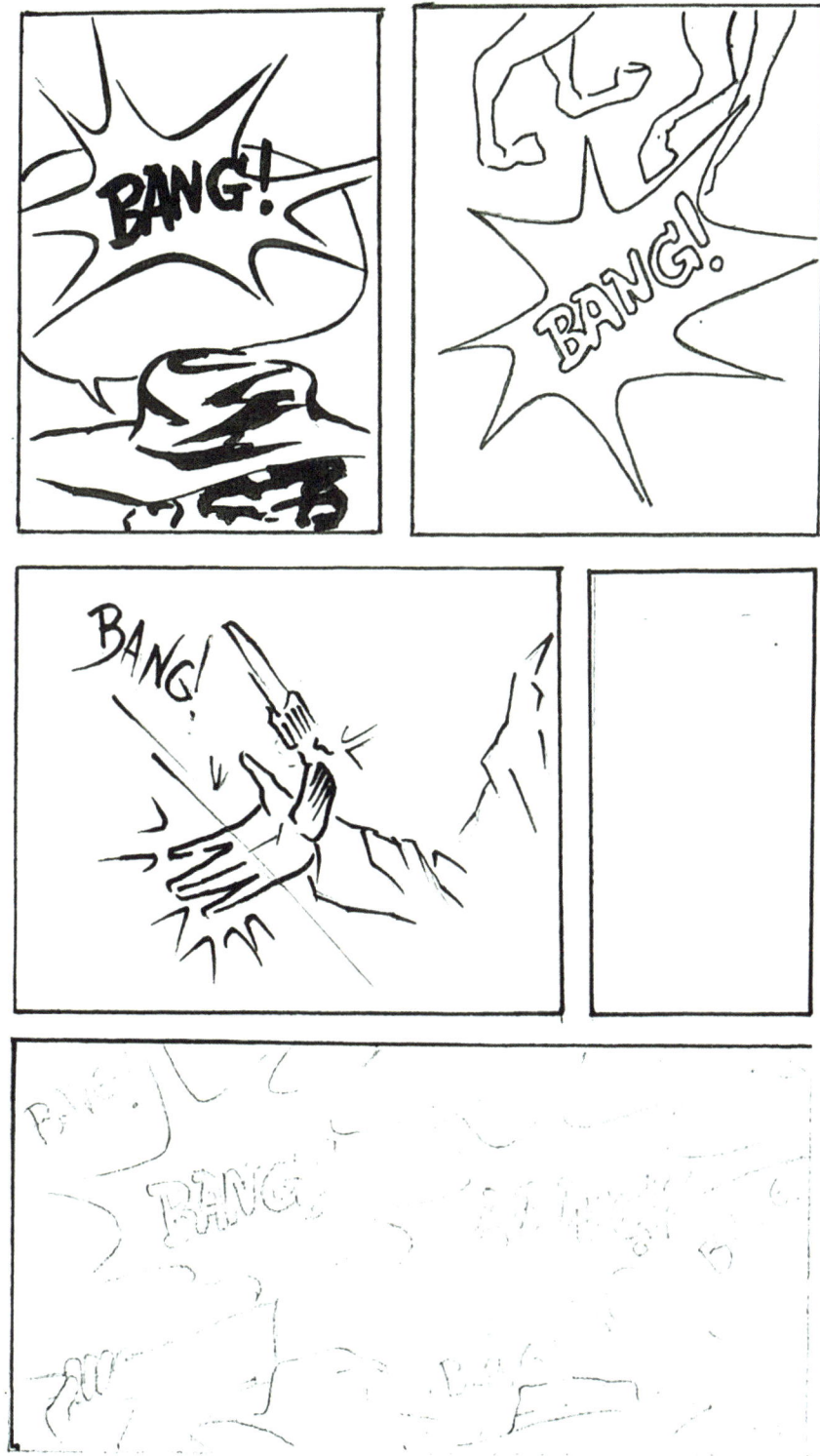

Fig. 54 / Claudio Sánchez Muros, *Ilustraciones para* Las aventuras de los... (s. f.). Técnica mixta sobre papel. Fondo Juan de Loxa.

se prohive
er cante?

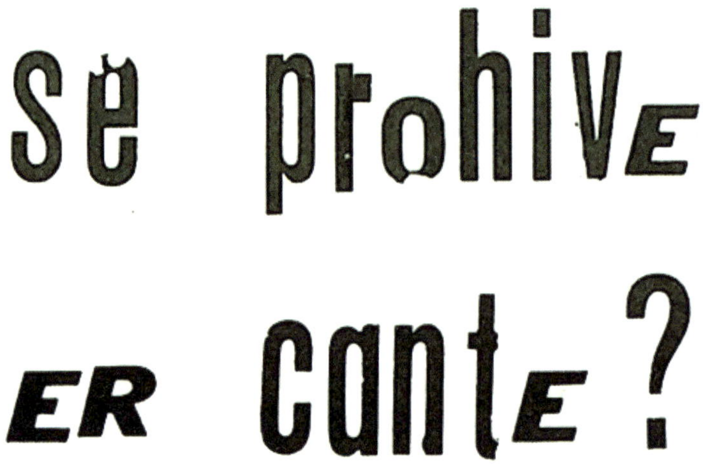

Fig. 55 / Juan de Loxa, *Collage* (s.f.). Poesía visual. Fondo Juan de Loxa.
Fig. 56 / Claudio Sánchez Muros, *Ilustraciones para* Las aventuras de los... (s. f.).
Técnica mixta sobre papel. Fondo Juan de Loxa.
Fig. 57 / Juan de Loxa, *Collage* (s.f.). Poesía visual. Fondo Juan de Loxa.

56

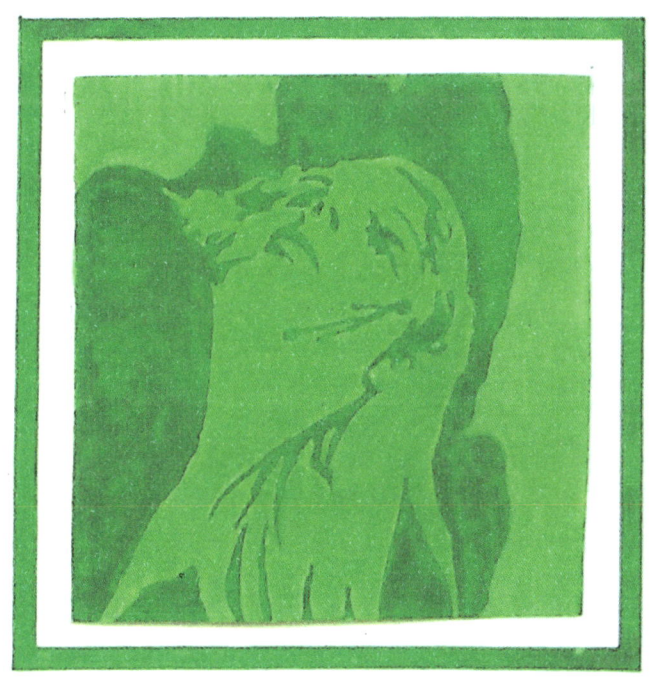

57 se proive
er cante
proive se
er cante
se Proi e
B

Juan de Loxa

Christian Dios
en cada rincón de mi cuerpo

(Libro de las Monjas)

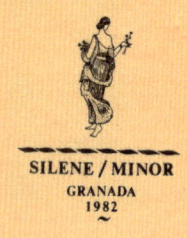

SILENE / MINOR
GRANADA
1982

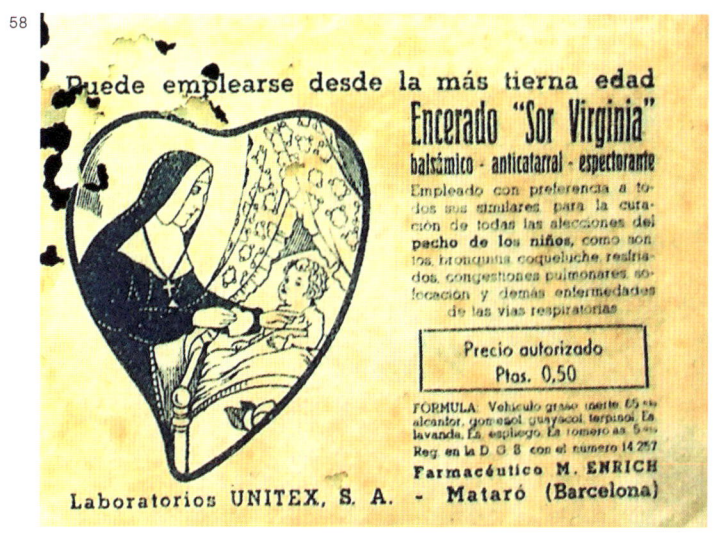

58

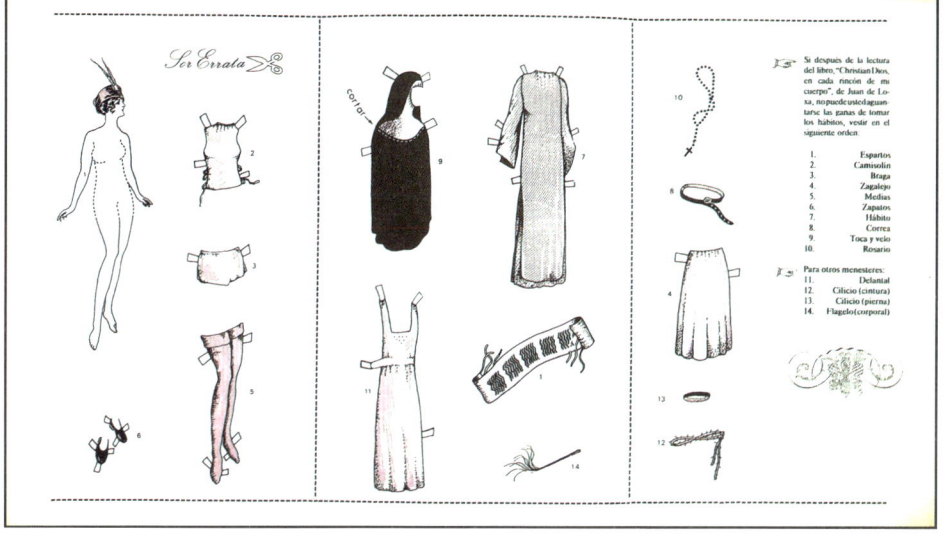

59

Fig. 58 / Sobre de Encarados de Sor Virginia. Laboratorios Unitex. Recreado y referenciado para *Christian Dios en cada rincón de mi cuerpo* (libro de las monjas). Fondo Juan de Loxa.
Fig. 59 / Claudio Sánchez Muros, *Para mayor Honra y Gloria de Dios*. Ilustración para *Christian Dios en cada rincón de mi cuerpo (libro de las monjas)*. En reverso de la página se indica: *En violeta marca de "Parches Sor Virgina"*. Fondo Juan de Loxa

JUAN DE LOXA

Parole, parole

EDICIÓN DE
ANDREA PERCIACCANTE
[ITALIANO-ESPAÑOL]

EDITORIAL ALHULIA

Señor Juan de Loxa

...Y LO QUE QUEA POR CANTAR

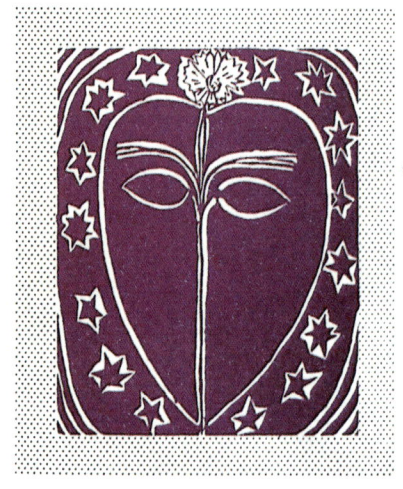

ediciones
DEMOFILO

JUAN DE LOXA

JUEGOS REUNIDOS

[MEMORIA 1967-2007 Y PICO]

dadna
dadada
granada
daddada
nadadad
nadadada
granadada
dadadada
nnnnn
nnnnnn

PRÓLOGO DE
FERNANDO GUZMÁN SIMÓN

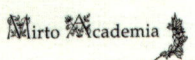

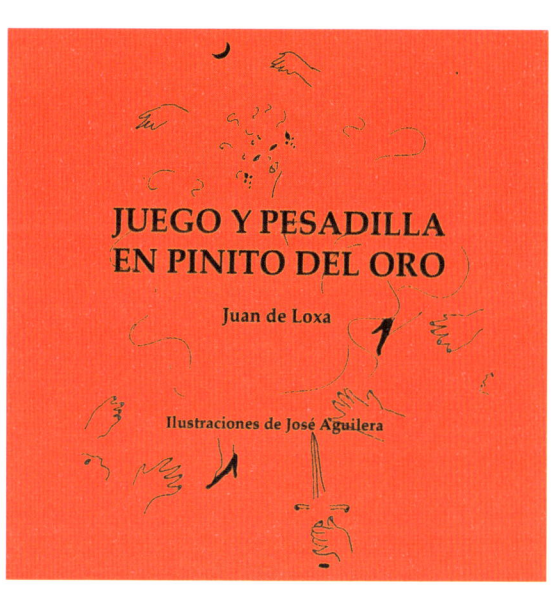

**JUEGO Y PESADILLA
EN PINITO DEL ORO**

Juan de Loxa

Ilustraciones de José Aguilera

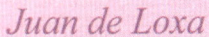

Juan de Loxa

Una noche en la vida
de
Quintero, León y Quiroga

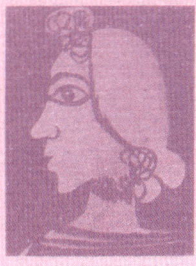

38
islas del recuerdo
CORONA DEL SUR
2006

DIOS ES HERMOSA

Aquella noche,
bajó a la calle a ver escaparat
las rebajas de julio
en todo su explendor, magnolio
los labios del adolescente,
una luna , que para qué contar

El mar le despertaba apetitos
de darse un chapuzón.

En aquella manzana,
la dulce morbosidad de los bill
hambre en tecnicolor,
¿en qué número
la perfumería? - dijo –
e hízose enseguida un paquete

Poema "Dios es hermosa", que pasaría a llamarse
"Plan de belleza" en el libro *Christian Dios en cada
rincón de mi cuerpo*

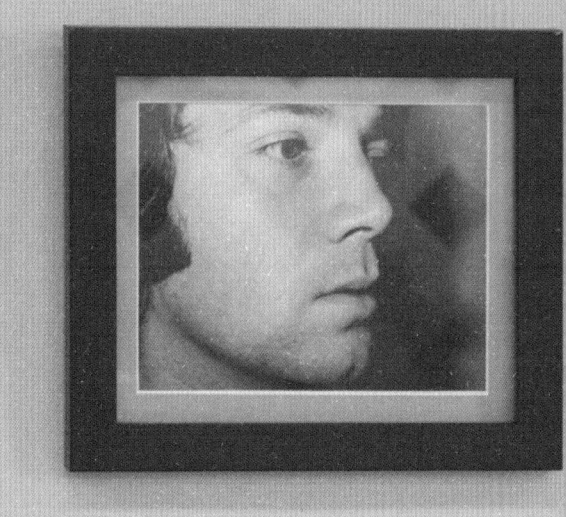

,

cosméticos.

uan de Loxa

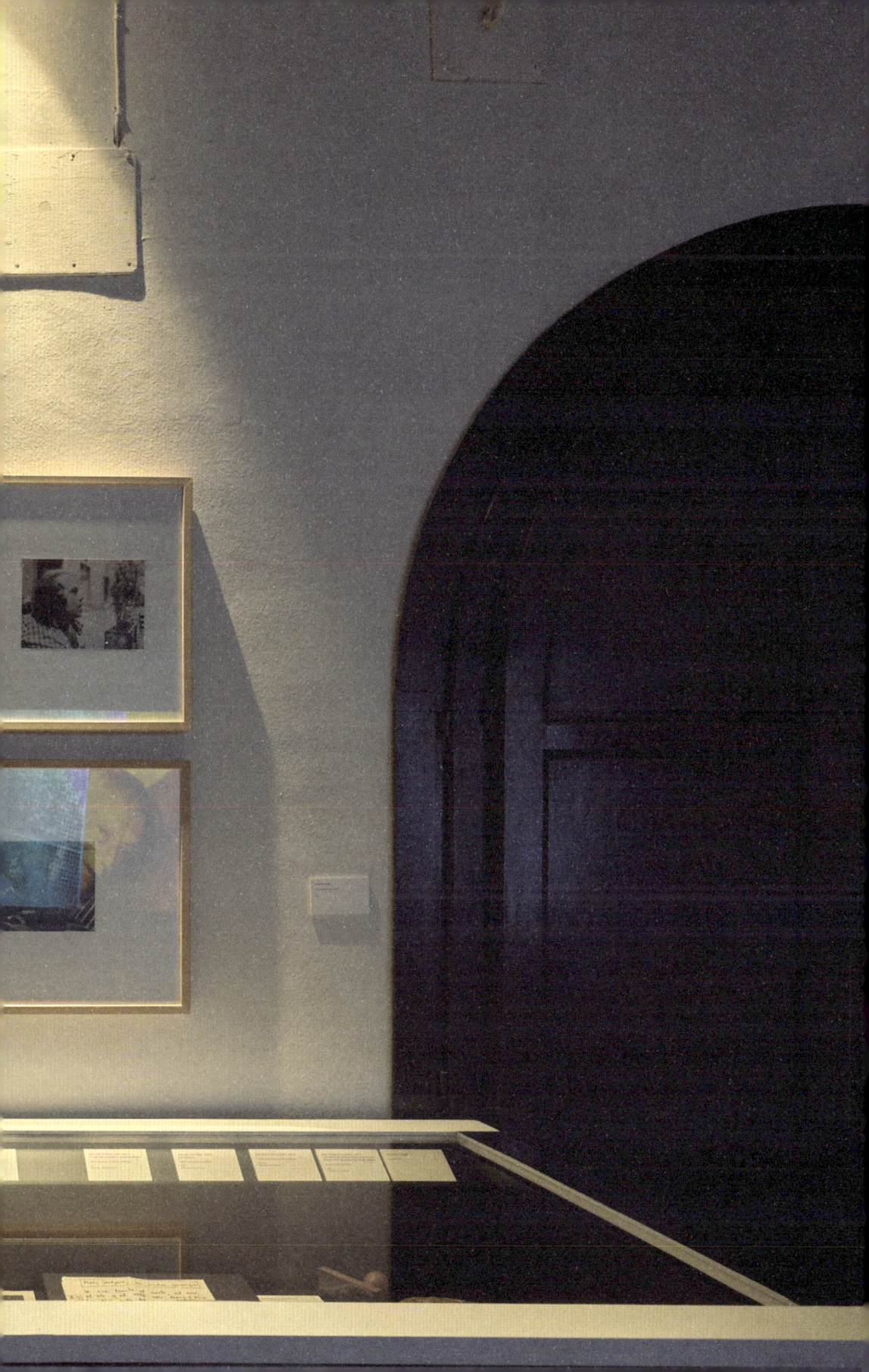

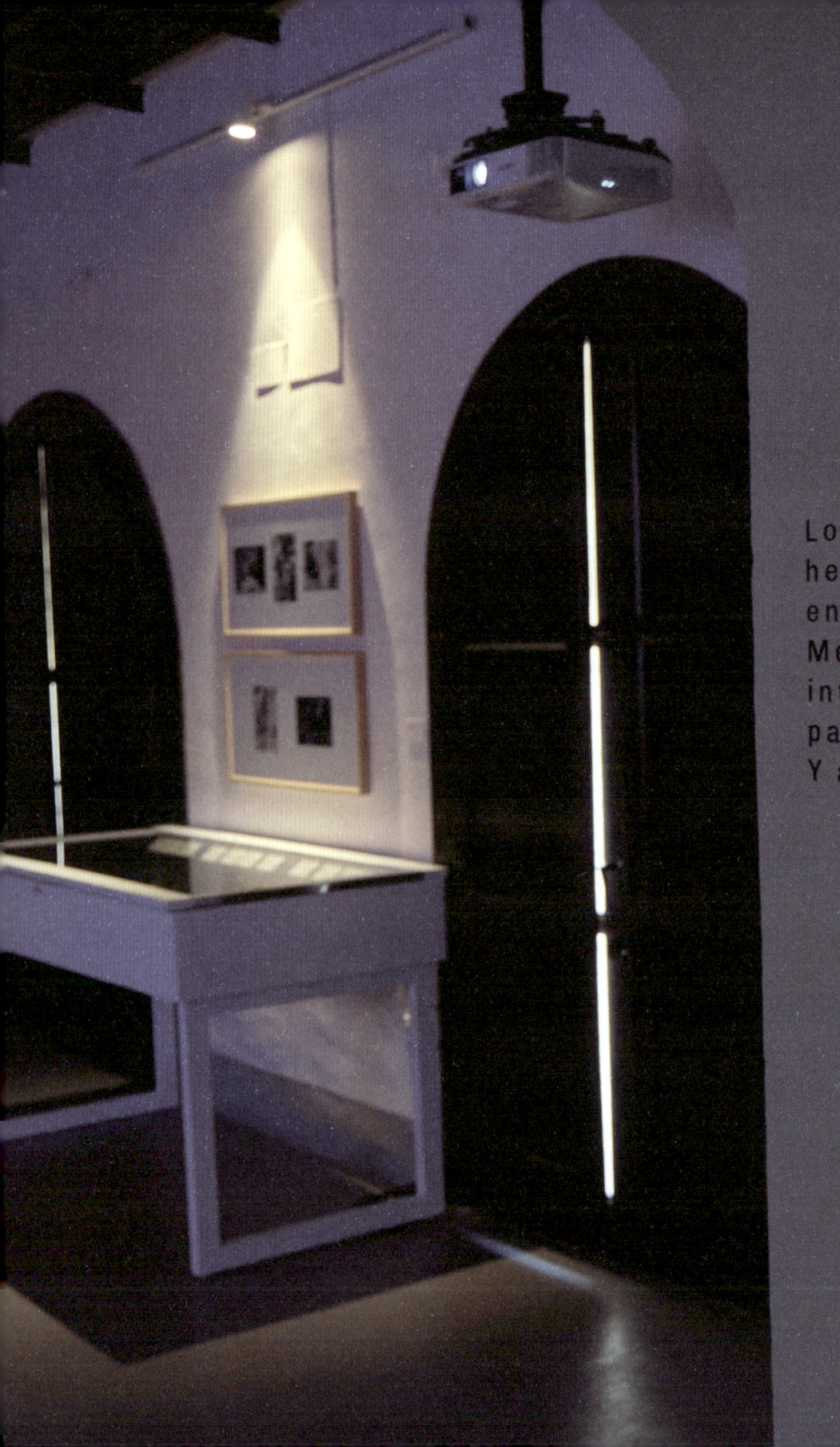

Loja co
he vivi
entre c
Me llar
intento
para la
Y acabe

ar de nacimiento,

l Sacromonte

ual y gitano,

n de Loxa

ar algo desde Andalucía

ón de los bárbaros del sur

mplir …. años y un día.

"Poema de Juan de Loxa" en
Poetas andaluces de ahora
Aguaviva, 1975

BIBLIOGRAFÍA

Ángeles Ortiz, Manuel & Caffarena, Ángel (ed. lit.) (1973). *Homenaje que rinden al pintor Manuel Ángeles Ortiz la Librería Anticuaria "El Guadalhorce" y los impresores de "Sur", hoy "Dardo"*. Málaga: Librería Anticuaria El Guadalhorce.

Arniz, Francisco M. (1977). *Del corazón de mi pueblo = Del cor del meu poble = Do corazón do meu pobo = Gure herriaren bihotzetik : homenaje a Rafael Alberti*. Barcelona: Península.

Burgos Única, Miguel (ed.) (1975). *Jondos 6*. Granada: Seminario de Estudios Flamencos, Universidad de Granada.

Castro, Eduardo (2018). *Discurso pronunciado por el Ilmo. Sr. Don Eduardo Castro en la inauguración del curso académico 2018-2019: el prestidigitador de* Poesía 70 *(homenaje a Juan de Loxa)*. Granada: Academia de Buenas Letras.

Castro, Olalla (2018). "La poesía de Juan de Loxa: un acto de resistencia". En: Loxa, Juan de & Castro, Olalla (ed. lit.), *Resistir en el margen: antología poética* (pp. 11-65). *Granada: Patronato Cultural Federico García Lorca*.

Corcoba, Víctor (2002). "Juan de Loxa García: un poeta que vive en el verso". Granada Costa, 4 de marzo de 2002: 37-41.

Degeneración del 70: (antología de poetas heterodoxos andaluces) (1979). Córdoba: Antorcha de Paja.

Egea, Javier (2007). "Fusilar un cigarrillo". *Revista EntreRíos*, (6): 113.

El Despeñaperro (1978). *El Despeñaperro*. Granada: Gráficas Solinieve.

González Alcantud, José Antonio (ed.) (2022). *Sur: de la independencia a la eclosión contracultural andaluza (1960-1980)*. Madrid: Abada.

García Lorca, Federico (1972). *Hommage a Federico García Lorca*. París: Unesco, Commission des Activités Culturelles de l'Association du Personnel.

García Montero, Luis (1991). "Prólogo". En: Fernández Palacios, Jesús, *Signos y segmentos 1971-1990*. Granada: Caja General de Ahorros y Monte de Piedad de Granada.

García Pérez, Juan (1966). "Me encuentro roto". *Caracola: revista malagueña de poesía*, (164): 17-18.

Guzmán Simón, Fernando (2008). *La poesía andaluza de la transición (1966–1982): revistas y antologías* (tesis doctoral inédita). Sevilla: Universidad de Sevilla.

Guzmán, Fernando (2010). *Granada y la revolución 70: poetas y poéticas de la revista*

Poesía 70 *(1968-1970)*. Granada: Comares.

Guzmán, Fernando (2015). *Las revistas literarias andaluzas de la Transición: una aproximación a los procesos de transducción en una cultura extrasistémica, 1968-1982*. Sevilla: Centro Andaluz del Libro.

Los estudiantes de Ciencias a Federico García Lorca: [homenaje a García Lorca] (1969). Granada: Universidad de Granada.

Loxa, Juan de (1968). "Poema 17 de *Solo de Bordón*". *Caracola: revista malagueña de poesía*, (193): 25.

Loxa, Juan de (1969). "Homenaje". *Revista Litoral: revista de la poesía y el pensamiento*, (8-9): 65.

Loxa, Juan de (1971). *Las aventuras de los...* Jaén: Diego Sánchez del Real.

Loxa, Juan de (1973). "Siete liras setenta para Manuel de Falla (Tertulia la Antequeruela)". *Revista Litoral: revista de la poesía y el pensamiento*, (35-36): 111.

Loxa, Juan de (1977). *¡Ay!* Granada: [s.n.].

Loxa, Juan de (1978). "El elegido se prepara". *Letras del Sur*, (2): 24.

Loxa, Juan de (1981a). *...Y lo que quea por cantar*. 2ª ed. Fernán Nuñez: Demófilo.

Loxa, Juan de (1981b). "Crimen maravilloso". En: *Los cuatro libros de Quijano: Crimen maravilloso, Poemas, El español al alcance de todos*. s.l.: Fernan-Gómez Editor.

Loxa, Juan de (1982a). *Christian Dios en cada rincón de mi cuerpo (libro de las monjas)*. Granada: Silene.

Loxa, Juan de (1982b). "La monja que se duerme". *Trames*, (1).

Loxa, Juan de (2009). *Juegos reunidos: memoria, 1967-2007 y pico*. Granada: Alhulia.

Loxa, Juan de (2011). *Parole, Parole* [italiano-español]. Motril: Alhulia.

Loxa, Juan de & Martin, David (2016). *El número 1: libreto de ballet flamenco "Mi sentir en Pablo" de David Martin*. Málaga: Corona del Sur.

Loxa, Juan de y Mario Maya (1974). En Manuel Llanes, "Teatro gitano andaluz", *Pipirijaina. Revista de Teatro*, (7): 25-28.

Loxa, Juan de y Castro, Olalla (ed. lit.) (2018). *Resistir en el margen: antología poética*. Granada: Patronato Cultural Federico García Lorca.

Martínez, Amanda (2017). "La revolución de 'Poesía 70'". *Ideal*, 30 de septiembre de 2017. Disponible en: https://www.ideal.es/hemerotecadegranada/revolucion-poesia-20170930130949-nt.html

Mejías, Isabel (2015). "Música y *Poesía 70*: el impulso de una nueva radio". *Música oral del Sur*, (12): 43-62.

Millán, Fernando (1978). "Un hombre nuevo", *Poesía 70*, Fondo del Centro de

Documentación Musical de Andalucía.

Neuman, Andrés y Cerrillo, José Andrés (1998). "Revistas literarias de Granada: décadas del franquismo". *Letra Clara*, (4, Separata), enero de 1998.

Rioja, Eusebio (1975). "Mario Maya baila un poema fonético", *Ideal*, 9 de noviembre de 1975: 41. Recuperado de: http://www.juandeloxa.com/item/320/Mario-Maya-baila-un-poema-fonetico-de-Juan-de-Loxa/

Roszak, Theodore (1972). *El nacimiento de una contracultura: reflexiones sobre la sociedad tecnocrática y su oposición juvenil*. Barcelona: Kairós.

Salvador, Álvaro (2020). "Sobre Poesía 70 en Granada". *Revista Pasos a la izquierda,* (20). Disponible en: https://pasosalaizquierda.com/sobre-poesia-70-en-granada/ Sánchez del Real, Diego (1971). "Juan de Loxa: la contradicción y el camino de la verdad". En: Loxa, Juan de, *Las aventuras de los...* Jaén: Diego Sánchez del Real.

Trenas, Pilar (1979). "El 'Underground' de Juan de Loxa", *ABC*, 28-4-1979: 33.